Peter Domansky

Die Freiheit zum Tanzen

Peter Domansky

Die Freiheit zum Tanzen

52 Leitgedanken zu Glaube und Bibel und Kirchenjahr aus der Pfarre Reindorf

Fromm Verlag

Imprint
Any brand names and product names mentioned in this book are subject to trademark, brand or patent protection and are trademarks or registered trademarks of their respective holders. The use of brand names, product names, common names, trade names, product descriptions etc. even without a particular marking in this work is in no way to be construed to mean that such names may be regarded as unrestricted in respect of trademark and brand protection legislation and could thus be used by anyone.

Cover image: www.ingimage.com

Publisher:
Fromm Verlag
is a trademark of
International Book Market Service Ltd., member of OmniScriptum Publishing Group
17 Meldrum Street, Beau Bassin 71504, Mauritius

Printed at: see last page
ISBN: 978-620-2-44147-6

Die Freiheit zum Tanzen

52 Leitgedanken
Zu Glaube, Bibel und Kirchenjahr

(Erschienen im Pfarrblatt Reindorf von 2010-2017)

Pater Peter Domansky COp

Impressum:

Pfarre Reindorf, Erwin Matl (Pfarrblatt-Team)
Reindorfgasse 21, A-1150 Wien
www.reindorf.at

Vorwort

Im Laufe seiner sieben Jahre als Pfarrer (Pfarrmoderator) von Reindorf hat Pater Peter Domansky für das Pfarrblatt regelmäßig zur Feder gegriffen, um Glaubensinhalte aus neuer Perspektive zu beleuchten. Anfänglich in Sorge, ob er dieser Aufgabe gerecht werden könnte (auch hinsichtlich seines langjährigen Vorgängers im Pfarreramt), entwickelte er immer mehr einen unnachahmlichen eigenen Verkündigungs-Stil, der von vielen Lesern sehr geschätzt worden ist.
Als mir dann vor kurzem eine nicht in unserem Pfarrgebiet wohnende Frau geschrieben hatte, dass sie *Pater Peters Worte und Gedanken sehr beeindruckt hätten* und sie darüber traurig wäre, dass sie zu spät (= knapp vor seiner Versetzung) die Reindorfer Pfarrblätter zu Gesicht bekommen hatte, bin ich vom besonderen Wert seiner Leitartikelserie fest überzeugt. Überdies auch hat ein Verlag Interesse angemeldet. So war es klar, dass dieses *Buch mit ausgewählten 52 Leitartikel* der vergangenen sieben Pfarrblatt-Jahre veröffentlich gehören, in dem Pater Peters Botschaften nochmals betrachtet werden können.
Danke, Pater Peter, für Deine 7jährige Zeit bei uns als Pfarrer!

Erwin Matl
Reindorfer Pfarrblatt-Team

Wien, April 2018

Die Freiheit zum Tanzen

Es war während der Predigt im Sonntagsgottesdienst in einer Tiroler Bergkirche im Sommer des Jahres 2012. Ein seriöser älterer Priester pries Gott für die Wunder seiner Schöpfung, die herrliche Natur der Alpen, den nächtlichen Sternenhimmel und das Weltall. Da wird man ihm gerne zustimmen. Doch als er betreffs des Mikro- und des Makrokosmos erzählte, dass er und sein Bruder die Gleichungen von Albert Einstein weiterentwickelt haben, wurde ich als konzelebrierender Priester hellwach. Ich fragte mich: „Wer ist dieser Mann?"

Es war einer der Philbert-Brüder, die, bevor sie zu Priestern geweiht wurden, als Naturwissenschaftler (Kosmologie; Zeitgradient präsentiert von Louis de Broglie, Paris) und Techniker (Inhaber von über 100 Industriepatenten) sehr erfolgreich tätig waren.

Sonst werde ich oft nach dem Gottesdienst in der Sakristei von Leuten bestürmt, aber hier im Urlaub bestürmte ich ihn – mit Erfolg! Ein Frühstücksgespräch dauerte sogar bis zum Mittagessen.

Wir diskutierten zu dritt, wer denn nun in der Frage der Naturgesetze, beim Verhalten der Atome, Recht habe. Entweder Albert Einstein, der fest darauf bestand, dass „Gott nicht würfelt" oder Nils Bohr, der ihm entgegnete, er solle endlich damit aufhören, Gott vorzuschreiben, Würfel zu spielen oder nicht. Gott ist Gott! Für uns Menschen ist es ohnehin paradox, weil es für Gott keinen Zufallssechser geben kann. (Gott weiß schon alles vorher.)

Worum geht es? Die entscheidende neue Erkenntnis der Wissenschaftler ist, dass Gott den kleinsten Teilchen einen „Würfel-Spiel-Raum", ein kleines Quantum (Max Planck) an prinzipieller „Freiheit" gegeben hat, so oder so zu sein und sich so oder so zu verhalten, nicht an ein Gesetz gebunden zu sein.

Damit sind wir mitten in der wunderbaren Welt der Quantenphysik angelangt. Poetischer ausgedrückt bedeutet das: „Gott schenkt den

kleinsten Teilchen die Freiheit zu tanzen". Max Born beruhigte Einstein: „Der Tanz der Atome… obliegt trotz seiner Wildheit Gottes ewigen Gesetzen". Kind Gottes lerne tanzen, sonst wissen die Engel im Himmel nichts mit dir anzufangen! So sagte es Augustinus. Kind Gottes lerne als Krone der Schöpfung deine Freiheit zu gebrauchen!
Doch beachte: In der Summe des „Tanzens" von Aber-Millionen Teilchen, herrschen nach dem Gesetz der großen Zahlen, eben nicht Massen-Chaos, sondern die wohlgeordneten Gesetze der klassischen Physik, wie man es in der Schule lernt.
Und das Gott sei Dank, denn sonst würde unvorhersehbare Verwirrung im Alltag ausbrechen. Nun hat aber jedes kleinste Teilchen für sich allein ein Quantum, einen Wirkungsspielraum an Freiheit. Und damit hat es eine offene Tür zu neuem Verhalten – und das ist die Tür zum Wunder! Und was für die kleinsten Teilchen gilt, gilt für die Krone der Schöpfung: Im Evangelium lässt Jesus die Menschen das Wunder so oft erleben: *Unsere, deine und meine Situation, die persönliche Zukunft ist nicht an das zwingende Gesetz des kalten starren Seins gebunden. Das Wunder eines neuen Weges ist möglich – bestätigt durch naturwissenschaftliche Grundprinzipien!*
„Wer nicht mit Wunder rechnet, ist kein Realist", sagt Nils Bohr und sein Kollege Heisenberg ergänzt: „Die Natur ist der unmittelbare Ausdruck des göttlichen Willens". – Das sagen beide als Wissenschaftler, die durch ihre Forschungsergebnisse zu einem tiefen Glauben an Gott gelangt sind. Auf uns angewendet heißt das:
Wir – du und ich – sind Gedanken Gottes vor Milliarden Jahren schon geplant und gewollt und doch ganz frei.
So stehen wir staunend da vor den neuesten Entdeckungen der geheimnisvollen Welt unseres Universums und können nur bekennen: *„Wie groß bist du, o mein Gott!"*

Jahr 2010

Downsizing und der Heilige Geist

Herunter (down)-gefahren werden muss das System Kirche. Was macht eine Firma, wenn diese Ressourcen schrumpfen? Kardinal Schönborn berichtete den 1.400 Teilnehmern der Diözesanversammlung der Apostelgeschichte 2010 im Stephansdom von seinen Gesprächen mit Top-Managern aus Industrie und Wirtschaft. Zu welchen Strategien würden sie raten, wenn ein solch komplexer Organismus wie die Kirche in einen Umbruchprozess hinein fährt? Wie kann man bei möglichst gleicher Leistung gesund komprimieren? (Fachbegriff Downsizing/engl. für Gesund-schrumpfung) Da die Kirche eine komplexe Wirklichkeit ist, kann es hierfür keinen „Rasterplan“ von lediglich Kürzungen geben, sondern einen Plan des Meisters einen „Masterplan“, der durch schmerzhafte Umbruchprozesse zu „Neuem Leben“ führt. „Siehe ich mache alles neu“ (Vgl. Off 21,5) ist ein Kennzeichen für das Wirken Gottes des Heiligen Geistes. Für die Kirche heißt es, dass das von Gott gestiftete – wie z.B. die Eucharistiefeier – selbstverständlich unwandelbar ist. Wandelbar aber sind die Gestalt von Pfarren, Gemeinden oder Hauskirchen und die Ausübung des Leitungsamtes. Nach den Worten des Kardinals wird die Kirche in 10 Jahren eine ganz neue Gestalt haben. Der schmerzhafte Sturm, der in den Medien über die Kirche hereingebrochen ist, ist als Chance zu sehen, dass alles morsche, unechte und krankhafte vom Organismus Kirche herunter geblasen und geschüttelt wird. Es ist auch ein Reinigungsprozess des Heiligen Geistes, mit dem Ziel einer authentischen Nachfolge Jesu.
Vier Orientierungspflöcke sieht der Kardinal auf dem Weg des Veränderungsprozesses. Als erstes sieht er die Mission (Mission first). Wo sind mögliche Wachstumszonen? Als zweites sieht er den Aufbau von Jüngerschulen, die eine Erfahrung der Gegenwart Jesu und eine Zurüstung und eine Aussendung des Jüngers ermöglichen.

Das soll in Hauskirchen, Gebetsgruppen und Jüngergruppen verschiedenster Art geschehen. – Für uns Reindorfer vertraute Aussagen und daher sehr ermutigend auf dem richtigen Weg zu gehen. An Dritter Stelle kommt eine reformierte Struktur. Ein synergetisches Zusammenwachsen von verschiedenen Pfarren und Pfarrpastoral. Der vierte Orientierungspflock ist der Aufruf: „Bewahrt´s euch in allem ein dankbares Herz!“ „Ihr seid ein auserwähltes Geschlecht, eine königliche Priesterschaft, ein heiliger Stamm, ein Volk das sein besonderes Eigentum wurde.“ (Vgl. 1 Petr. 2,9) Mit einem Wort: Ihr seid Beschenkte. Ein Geschenk war für mich als Teilnehmer war die erstaunliche Ehrlichkeit, Gradheit und Zuversichtlichkeit aller Sprecher des Kongresses

Jahr 2011

Siehe ich mache alles neu!

Wer freut sich nicht, wenn ein Schwimmbad oder ein Kaufhaus neu eröffnet wird oder wenn eine neue Autobahnbrücke oder ein Tunnel für den Verkehr freigegeben wird. Oft hört man, man sollte und müsste dort und dort und gleich hier bei uns auch alles neu machen. Du und ich, wir und sie müssten, sollten es im neuen Jahr mit neuem Elan anpacken. Und so fasst man sich den Vorsatz, ab 1.1. diesen Problemberg abzutragen oder jenen Sumpf trockenzulegen. Wie oft blieb es nur beim Vorsatz? Weil die Fragen im Raum standen „Wer trägt ab?“ – „Wer legt trocken?“ – „In welcher Zeit?“ – „Mit wieviel Ressourcen?“

„Wir oder Du oder gar ich allein?“ Das fordert oder kann über-fordern. Nicht über-fordernd, sondern befreiend ist das Wort aus der Geheimen Offenbarung, aus der Apokalypse, (auf der vorletzten Seite der Heiligen Schrift) „Siehe ich mache alles neu!“ (Offb 21,5). Da ist der gute Vorsatz schon in die Tat verwandelt. Da dürfen mir die Augen aufgehen, dass jemand schon eine neue Idee umsetzt. Und das nicht irgendwo bei irgendwem, den sozusagen das Lottoglück eines neuen Autos oder Super-Eigenheims getroffen hat, sondern

global: allumfassend-katholisch – „siehe, alles mache ich neu". Alle haben das Glückslos gezogen, alle sind und alles ist in den Segen einbegriffen. Also bei mir und bei dir und rechts und links gibt es etwas Neues zu entdecken, zu sehen.
Ich denke, dass dies der Schlüssel zum Segen für ein neues Jahr ist: dass einem die Augen aufgehen, wo ER etwas neu macht, und IHM dafür „das grüne Licht" zu geben und mitzumachen. Dass jemand Angst vor der Apokalypse hat, Angst vor dem Neuen Jahr und vor der Zukunft wenn man IHN „geschaut" hat, ist nun unmöglich.
Er spricht ja nicht in der Apokalypse: „Siehe, ich mache alles kaputt, richte alles zugrunde" Nein! Sondern das Lamm auf dem Thron spricht „Siehe, ich richte ALLE auf!"
Jesus beauftragte damals die Anhänger des Johannes ihm ausrichten zu lassen: Geht und sagt was ihr hier seht und hört! Lahme stehen wieder fest auf ihren Füßen, Blinde bekommen Durchblick und neue Perspektive, Sprachlose lernen miteinander zu kommunizieren und Ausgegrenzte erfahren was Beheimatung heißt (vgl. Lk 7,22).
Wer armselig und miserabel dran ist, darf zuerst bei IHM die Misericordias (das erbarmende Herz) Gottes entdecken: „Siehe, ICH mache ALLES NEU!"

Reindorf soll blühendes Land werden!

So liest man es seit Jahren in den Kalasantinerblättern. Was heißt das? Einen blühenden Frühlingsgarten vor Augen zu haben, obwohl ich z.B. vor meinem Fenster die Schneeflocken tanzen sehe. Es ist die Gewissheit, ein neuer Frühling wird kommen. Jetzt schon die Vision eines blühenden Landes vor Augen zu haben. Die Gefahr aber ist, dass sich eine Pfarre als Oase nur für die sieht, die schon länger an ihrer sprudelnden Quelle sesshaft geworden sind. Wer ist bereit – für die vielen Wüstenwanderer zwischen den Betonbauten unserer Großstädte, für orientierungslose, enttäuschte und durstige Menschen, die Ruhe, Akzeptanz, Hilfe, Hoffnung, Heilung, Trost und

Anleitung für Ihr Leben finden wollen? Es braucht lebendige Werbeexemplare, Wegweiser für die Oase, dafür dass es dort lebensspendendes Wasser gibt, dass dort der Weinberg des Herrn gedeiht. Es braucht eine Stelle zum andocken – einen Weinverkostungsstand, wo man Schluck für Schluck trinken, kommunizieren kann. „Wer dürstet, der komme und trinke". Der prüfe, der komme auf den Geschmack, ob es ein lebensspendender Wein ist.
Ich glaube, dass es immer wieder ein Prüfen der Qualität der geistigen DNS, der Grundbausteine der göttlichen Werte des Rebstockes braucht. Vier Grundbausteine fallen mir ein:

(A) Der Lebenssinn (Gott kennen ist Leben).
(B) Die Lebenskraft (werdet stark aus der spirituellen Verbindung mit Jesus)
(C) Die Lebenshilfe (Gemeinschaft, die miteinander teilt und trägt)
(D) Die Lebensordnung (Weisheit und Unterscheidung von richtigen und falschen Wegen)

Mit dieser Kombination, mit diesem geistigen Erbgut, mit dieser Potenz hat damals Jesus seine Jünger auf die Reise geschickt. Anhand der Bibel und spirituellen Tradition können wir auch heute eine aktuelle DNS-Probe machen: Haben wir die ursprüngliche Kombination? Sind wir genetisch gesund? Sind wir frei von Gen-Manipulation? Haben wir stabile Identität statt Mutation? Leben bringt uns eine intakte Werte-DNS, die uns Kraft, Klarheit und Halt vermittelt für die Wege unserer Familien, unserer Kinder, unserer Jugendlichen, der Senioren und der vielen Alleinstehenden. Die Vision ist, das niemand an mangelnder *Lebenskraft* (B), nicht gefundenen *Lebenssinn* (A), nicht erfahrener *Lebenshilfe* (C) oder nicht gefundener *Lebensordnung* (D) zu Tode verdursten muss.
Ich denke, dass das die Sichtweise Jesu für unsere Pfarren und Gemeinschaften ist: „Gebt Ihr Ihnen zu essen – gebt Ihr Ihnen zu

trinken“. Die Lebenserfahrung und der Glaube an die göttliche Wachstumskraft der Rebzweige gibt uns Kraft zum Handeln, lässt uns nicht erlahmen.
Solch eine geistige DNS hat das Potential, sich weiter zu vermehren, Zellensysteme aufzubauen. Sie lebt! Dankbar denke ich an den vorletzten Samstag im Januar zurück. Wir durften auf einer Dankesfeier die vielen kleinen Statements unserer vielen haupt- und ehrenamtlichen Mitarbeiter von Reindorf hören, die davon ein wenig sichtbar gemacht haben.

Das Fasten-Experiment

*„Du erhebst den Geist, Du gibst uns **Kraft** und den **Sieg** durch unseren Herrn Jesus Christus, – durch das **FASTEN des Leibes**“ (vgl. 4. Fastenpräfation).*
Lebens-KRAFT soll mir gegeben werden um **SIEG-reich** den Tag (die Woche) bestehen zu können. So verspricht es mir die Einleitung zum Hochgebet. Der ganz wichtige Bio-Baustein LEBENS-KRAFT ist einer der vier DNS-Grundbausteine des göttlichen Weinstocks im Reiche Gottes, wie ich es im letzten Pfarrblatt beschrieben habe: **Die Lebenskraft**, – werdet stark aus der spirituellen Verbindung mit ***Jesus***. Ausgerechnet durch das wenig geliebte Fasten soll ich nun diese **Siegeskraft**, diese **Erhebung des Geistes** ins Haus geliefert bekommen?
Ein junges Ehepaar, das lange keine Kirche von innen gesehen hatte, erlebte genau das. Sie erlebten und gebrauchten letztendlich das Fasten als den goldenen Schlüssel, der ihnen die Türen zu allen weiteren Schätzen des Glaubens aufschloss. – Sie berichteten, dass sie in Medjugorje den Entschluss gefasst hatten, mit allem ganz neu anzufangen.
Sie wussten aber nicht wie.
Zu Beginn des Neuanfangs aber waren sie nur frustriert, denn die Muttergottes in Medjugorje schlug ihnen Dinge vor, die ihnen viel zu

schwer vorkamen. So sollten sie damit beginnen, jeden Tag die Bibel zu lesen, – die sie aber nicht verstanden. Sie sollten recht oft zur Heiligen Messe gehen, doch sie waren beide vielbeschäftigt und außerdem kam ihnen die Heilige Messe fremd vor. Die Mutter Gottes sagte, sie möchten doch den Rosenkranz täglich beten, was wieder eine Zeitfrage war, und zudem hatten sie keine Ahnung von den Geheimnissen und Gebeten. Und zur Beichte sollten sie auch gehen, doch einen fremden Priester all ihre Sünden zu erzählen, davon waren sie nicht überzeugt und fanden dazu auch keinen Mut. Das war eigentlich schon das Ende des Neuanfangs. Alles war ihnen zu schwer!

Nun gab es noch eine Einladung der Muttergottes: **Fastet bitte regelmäßig!** Eine super Idee: Nur das Essen auslassen – das ist recht einfach, sagten sie sich. Und so saßen sie mit leerem Magen zweimal die Woche beim abendlichen Fastentee und unterhielten sich sehr angeregt über den Glauben, über die Ewigkeit, über den Sinn des Lebens, über das Fasten, über das Beten und über die Heilige Messe. Ihr Geist erhob sich soweit, dass sie auch die Heilige Schrift zu verstehen begannen, die Heilige Messe genossen und sogar die Beichte verstanden. Nämlich als ein sehr wertvolles Geschenk einer geistigen Entschlackung von alten Giftstoffen des „Seelenmagens“, so sagten sie es sich.

Kurzum: Eine geistliche Erkenntnis nach der anderen ging ihnen an diesen je zwei Abenden in der Woche auf, wo sie ausschließlich nur Tee tranken und der Magen sich so unbeschwert anfühlte. **Ausgerechnet das Fasten war ihnen zum Generalschlüssel für die Neu-Eroberung ihres Glaubenslandes geworden.** Anderen erzählten sie diese Erfahrung weiter. Dabei war diese Erfahrung weit mehr und überzeugender aus dem Strahlen ihrer Augen abzulesen, als es viele noch so gescheite Bücher schaffen würden. Solch eine Erfahrung der **Erhebung des Geistes**, von neuer (am besten gemeinsamer) **Kraft zum Leben** muss man **machen** – praktisch ausprobieren – nicht theoretisch! Wie wäre es einmal damit?

Apokalypse und Auferstehung

„Endzeit – Nachrichten" jagen über den Erdball. Nordafrika wird politisch erschüttert und Japan durch Erdbeben. Zutiefst erschüttert wird das Vertrauen in technische Glanzleistungen und Fähigkeiten von Technikern und Naturwissenschaftlern.

Gestern noch waren sie die „Götter" in weißen Kitteln und heute dämmert es uns, „Es ist nichts Gutes von ihnen zu erwarten, wenn sie nicht selber Gut und Böse unterscheiden lernen, Stolz von Demut." (Max Thürkauf). Das Spiel mit dem atomaren Feuer ist zum Spiel mit dem Höllenfeuer geworden. Laufen wir alle Gefahr, von dem Produkt menschlicher Selbstüberhebung giftig verstrahlt zu werden? Aber der sorglose Tanz des Menschen auf dem feurigen Vulkan – ist das erst die Gefährdung des Menschen in unserem Zeitalter? Schon vor 2000 Jahren warnte in der Wüste ein Johannes der Täufer: Wir befinden uns in einer apokalyptischen Wendezeit! Er wandte sich von dem Alten, dem Verfaulten ab, wusste aber noch nicht, wie das neue Leben ausschauen sollte.

Auch für Jesus war „die Schöpfung erschöpft", in der Krise, im Gericht, aber zugleich geschah etwas, was innerweltlich in keiner Weise zu begründen ist. Um IHN herum geschahen Heilungen, Bekehrungen, Versöhnung, neue Aufbrüche, wuchs neue Zuversichtlichkeit, ereignete sich neues Leben in Hülle und Fülle. Seine Erklärung dazu: das neue Zeitalter hat begonnen, – „Reich Gottes" genannt!

Und nicht nur der Galiläer Petrus, sondern auch tausende andere wollten, dass sich dieser Nazaräer Jesus gesellschaftlich „nützlich" macht. Aber ihre messianische Hoffnung wurde nicht erfüllt. Sie mussten mit Jesus einen endzeitlichen „Salto Mortale" erleben, durchleiden.

Jesus glaubte daran, dass durch seine „persönliche Apokalypse", durch die Kreuzigung und seine messianische Auferstehung hindurch es ihn und auch uns ins Reich Gottes „hineinkatapultieren" würde.

Und „Der Fürst dieser Welt, der stolze Widersacher, Menschen-Verführer und Aufwiegler gegen Gott und alles Gute wird jetzt hinauskatapultiert werden", in Wahrheit „wird über ihn Gericht gehalten werden!" (vgl. Joh. 12,31-32). Er aber, der Gesalbte, wird als der Sohn Gottes, als höchste Autorität, enthüllt, erkannt werden.
Mit diesem mehrdimensionalen „Salto Mortale" endete das alte Zeitalter. Endzeit haben wir seit 2000 Jahren. Endzeit bedeutet eben nicht Untergang, sondern Aufbruch. Apokalypse bedeutet nicht Katastrophen, sondern Aufdeckung, Offenbarung des Hintergründigen auf unserer Weltbühne. Der verhüllende Vorhang muss fallen – zum einen vor einer menschlichen Selbstüberhebung und Verblendung und zum anderen vor dem rettenden Eingreifen des Schöpfers in der letzten Sekunde oder sogar über die Todesgrenze hinaus. Auferstehung wird sichtbar! Das letzte Wort hat Gott sich vorbehalten und es ist ein gutes Wort, weil Gott gut ist.
Ich lade Sie ein, in diesen bedrängten Tagen umso stärker ins Licht hinein zu schauen, zum neuen Leben hin, zur Auferstehung, einen kleinen oder großen Schritt zu wagen, zum Mut, zur Hoffnung, zur Versöhnung, zur Beichte, zur Annahme, zur Geborgenheit, zum Glauben, zur Dankbarkeit, zum Lobpreis, *zum Erlöser* - um mit *Jesus*, mit der weltumspannenden Kirche Ostern feiern zu können.

Eine Vision, die das Grab aufsprengt

„Ich werde von der Frucht des Weinstocks nicht mehr trinken und dieses Mahl nicht mehr essen, bis es seine Erfüllung gefunden hat im Reiche Gottes" (vgl. Lk 22,16.18) – Dieser Satz Jesu vom Gründonnerstag-Abend lässt mich nicht mehr los.
Wenn wir uns in Schwierigkeiten und Dunkelheit(en) befinden, haben wir im Herzen die Frage: „Warum und wie lange noch?"
Jesus aber fixiert in seiner Dunkelheit den Blick gleichsam auf das Ende des dunklen Tunnels, auf das Licht des Gottesreiches. Wir

zögern, wenn etwas auszulassen ist, wenn ein Opfer zu bringen ist, ein Defizit unvermeidlich ist. Jesus glaubt dagegen an das gewinnbringende, erlösende Potential seines Opfers.
Wir schauen erschrocken auf das Verlassen-Sein Jesu am Kreuzesholz. Er aber spricht zu den Jüngern von seiner Zukunftsvision, vom gemeinschaftlichen Ostermahl mit ihnen. Jesus weiß, dass er eine extreme Angst zu überwinden hat, die die Jünger nicht verstehen, die sie fliehen lässt. Und doch hat er keine Angst vor dieser Angst, sondern vertraut für sich und die Jünger, dass alle Lähmung und Feigheit ein Ende haben wird.
Die Menschen registrieren die Ohnmacht und Handlungsunfähigkeit Jesu vor seinen Richtern. Die Welt meint, nun ist alles aus und doch hat er dem Petrus zuvor schon den Auftrag gegeben, dass er nach alldem die Brüder neu sammeln soll und sie schlussendlich mit Geist und Vollmacht ausgestattet werden.
Jesus hält an der Gewissheit fest, dass die Finsternis und Lähmung dieser Stunden vorübergehen und sich eine von Vitalität und Lebensmut strotzende Schar neu erheben wird, um sogar das Römerreich von innen her umzukrempeln.
Wir haben noch die konfus auseinander rennende Apostelschar im Garten Gethsemane vor Augen und Jesus will mit ihnen einst neu von der Frucht des Weinstocks trinken, sie inspirieren, sie lehren, sodass sie den Durchblick erhalten werden, was wie als nächstes zu tun ist.
Wir registrieren, dass sich die Jünger Jesu Lehre als Kopfwissen angeeignet haben. Nun ist sich Jesus gewiss, dass durch sein Vorbild, sein gelebtes Beispiel auch ihre Herzen verändert werden. Er lässt sein Leben am Kreuz los und neues menschliches Leben wird dafür zig-tausendfach erweckt und empfangen.
Diese Vision, dieses Ziel hat Jesus vor Augen, wenn er von der Erfüllung des Mahles im Reiche Gottes spricht, obwohl zu diesem Zeitpunkt davon noch nichts zu sehen ist. Und doch hat dieses glaubende Festhalten an der Vision Auswirkungen auf ihn selbst, auf Petrus, dann auf die gesamte Apostelschar und den Kreis seiner

Freunde. Es ist die Vision vom Reiche Gottes, die ihm die Kraft zum Handeln gibt, die auch für uns heute immer noch gilt. Sie ist dann fruchtbar, wenn sie einerseits horizontal durch die Apostel und Bischöfe weitergegeben wird. Der entscheidende Schlüssel für die Fruchtbarkeit aber liegt zum anderen in der Vertikalen beim Himmel. Nur durch die wirkliche Auferstehung, nur durch das Eingreifen des Himmels, nur durch das Ausgießen des Hl. Geistes zu Pfingsten verwirklicht sich die Vision vom Reiche Gottes.

Wer macht denn hier so viel Wind?

Es gibt ein kirchliches Dokument aus Wien, welches verdächtig oft in ganz Europa von der bischöflichen Webseite heruntergeladen wird und jede Menge Staub aufwirbelt.

So in etwa berichtete es mir der langjährige Wiener Pastoralamtsleiter Michael Scharf kürzlich beim Mittagessen. Diesen Wind verursacht der letzte Hirtenbrief des Wiener Kardinals. Ich glaube, es ist der zugleich alte und immer neue Sturmwind von Pfingsten, der die Sprach- und Gemeindegruppen zusammenbringen will, das Wunder des Aufbaus des Reichs Gottes in die Realität geradezu hineinblasen möchte.

Es ist damit nicht ein konfuses Durcheinanderwirbeln tausender Meinungen und Richtungsstreitereien gemeint, wie bei der Geschichte des Turmbaues von Babel. Keine Verwirrung, sondern Klarheit erschafft er. Ausgangspunkt dieses sturmerfüllten Hirtenbriefes ist das Gnadenkapital des Pfingstfestes, des Pfingstwindes vor 2000 Jahren.

Und das sind seine Kernaussagen:

Der Gnadenschatz von Pfingsten ist heute in unseren Händen, eben weil er treu in den Sakramenten der Taufe aus Wasser und Heiligen Geist durch die Jahrhunderte weitergereicht wurde und von oben ausgegossen wird!

Der *dringende Entschluss*, aus der ganzen Fülle dieses Gnadenschatzes leben zu wollen, kommt aus bedrängenden Fragen betreffs der Zukunft. Z.B., ob das wandernde Gottesvolke auch in vor uns liegenden Wüstenregionen genug Wasser für alle finden wird, mitunter Wasser aus dem Felsen strömen kann?

Die *Freiheit und Freude* des Miteinander-auf-dem-Weg-Seins fließt aus dem Mut, über alle Sorgen, Nöte, Skandale, Sünden aber auch über die Gnaden offen reden zu können. Symbol für dieses furchtlose Miteinander war und ist das sogenannte „offene Mikrofon" bei den bisherigen Apostelgeschichte-Kongressen im Stephansdom.

Die *Bestimmung* des Gottesvolkes ist es, seinem Auftrag Heilswerkzeug der Vereinigung mit Gott, d.h. der Erlösung der Menschheit zu sein, zu erfüllen.

Die *tägliche Kraft* zum Weitergehen stammt aus der Einsicht, dass dieser Umgestaltungsprozess letztlich Zeichen seiner Gegenwart und seines Wirkens ist. Er schmiedet sein Heils-Werkzeug (Heils-Sakrament) unter dem glühenden Feuer von Prüfungen und unter mächtigen Schlägen neu. Eben aus dem Grund, weil in unseren Tagen das Werkzeug stumpf und untauglich geworden ist, -so erklärt es der Kardinal.

Jesus ruft uns zu: „Fürchtet euch nicht!" (Mt.28,10), und: „Ich bin euch!" (Mt. 28,20). Zuerst kommt der Karfreitag, nach der Auferstehung aber ein neues Pfingsten.

Es ist ein prophetischer Entwurf des Kardinals, noch etwas verschwommen in der Ferne, aber es werden schon Konturen sichtbar: Sieben Eckpunkte sieht und beschreibt er:

1. In diversen kirchlichen Örtlichkeiten helfen *Jüngerschaftsschulen* und Lebensschulen, zur persönlichen Reifung und Wachstum in Christus zu gelangen.
2. Alle ziehen an einem Strang, keine zwei oder drei Klassengesellschaft, – jeder bringt sich ein, aufgrund des *gemeinsamen Priestertums*.

3. Die Gemeinden und Gemeinschaften sollen *Offenheit und Warmherzigkeit* ausstrahlen, weil viele draußen vor Einsamkeit frieren.
4. Es wird verschiedenste neue Formen von *Kirchen und Hauskirchen* geben, um so den *Missionsauftrag* umzusetzen.
5. Jeder entdeckt sein *Charisma* und bringt es ein, weil selbst die kleinste Gabe wichtig ist.
6. Wir verlassen Komfort-Zonen und *brechen auf zu neuen Ufern*, einfach weil Jesus und Mut gemacht hat: „Geht über die Grenzen hinaus, bis an die Enden der Erde!"
7. In unserem Umfeld begegnen wir den konkreten Nöten der Menschen in der heilenden *Liebe und Weisheit Jesu.*

Ich denke, dass es nicht zuerst der Kardinal ist, der mit dem Evangelium so viel Wind macht, sondern umgekehrt hier **Jesus** mit dem Evangelium (in der komprimierten Form des Hirtenbriefes) uns den frischen Wind des Pfingstgeistes ins Gesicht bläst: *„Und ihr seid meine Zeugen für alles! Und ich werde die Gabe, die mein Vater verheißen hat, zu euch herab senden." (vgl. Lk. 24,48–49).*

Deinem Herzen Urlaub gönnen

„Komm zur Ruhe mein Herz!" (Ps 116) – Mehr als alles schütze und pflege dein Herz weil es dein Lebensquell ist! (vgl. Sprüche 4,23)

Zahnpflege, Fußpflege, Raumpflege, Rasenpflege... (Trampelt bitte nicht auf meinem Rasen herum!) Doch wie viel Zeit widmen wir der HERZ-Pflege? Wie viele sind auf ihm herum getrampelt? Erholung und Urlaub sind ein schwacher Ersatz für das, was unser Herz wirklich braucht. Sich zu bestimmten Zeiten (und nicht nur für einmal im Jahr) eine AUS-Zeit zu gönnen, ist nicht herzlos sondern professionell, – so sagen es die Experten. Immer erreichbar zu sein – das vermag nur der liebe Gott. Jahwe heißt auf Hebräisch „Ich bin immer für euch da". Das antwortete der Gott Israels dem Mose aus

dem brennenden Dornbusch heraus. Und sogar Jesus fuhr mit seinen Jüngern in eine einsame Gegend und lud sie zum Nichts-Tun, zum Abschalten, zum „nicht immer verfügbar sein“ ein (Mk 6,31-32).
Also Handy aus, Radio aus, Fernsehen aus, kein facebook und keine e-mails lesen, PC aus und auch mit dem „Faxen“ ist Schluss! Nicht erreichbar zu sein, den Mut zu haben „offline zu gehen“, auszustöpseln, mit der gesamten effektiven Technik das zu tun, was man selbst will und nicht, was andere von dir erwarten, was du zu wollen und zu sollen hast. Zeit zu haben, um einmal *den Botschaften des eigenen Herzens* zu lauschen. Die vielen unverdauten Brocken klein zu kauen und sie zu verdauen, um ihnen so das Giftige zu nehmen. Keine World-Wide-Web-Anliegen der anderen in sein Herz runterzuladen, sondern sich den eigenen Bedürfnissen zu widmen – seinen eigenen Herzensanliegen nachgehen, nachmeditieren, nachträumen. Den reizüberfluteten und informations-überfütterten Sinnesorganen ein Fastenzeit und Entschlackungskur zu verordnen. Das Herz in der Hollywoodschaukel bei Blumenduft, das Rauschen von **W**ind, **W**asser und **W**ald, (das www. der Schöpfung Gottes), genießen zu lassen. Die im Alltagsstress hart und trocken gewordenen Herzen dürfen behutsam wieder weich werden. Wie viel Freiheit, welchen Urlaub, wie viel Pflege wirst du deinem Herzen gönnen? Wenn du so vielen Menschen ein Recht auf dich und dein Herz gegeben hast, dann sei du in dieser Zeit der Mensch, der nun ein Recht auf sich selbst hat. „Gönne dich dir selbst“ – sei du, wie für alle anderen, nun auch für dich selbst da! So schrieb es Bernhard von Clairvaux seinem urlaubsbedürftigen Freund, Papst Eugen III. Wahrhaft katholisch sein, heißt auch aus der Gnade, dem unverdienten Geschenk, leben zu können.
Mit diesem Verständnis, als *von Gott Beschenkte* in den Urlaub zu fahren, die ganze Schöpfung als seine *Liebeserklärung* an uns Menschen wahrnehmen zu können, das wünsche ich von Herzen.

Liebe dein Auto wie dich selbst...

Es war in den Tagen der Krawalle von Tottenham, London und Liverpool etc., als ich mit dem Fahrrad unterwegs war und mir dieses überdimensionale Werbeplakat zur „Autoliebe“ ins Auge fiel.

Diese Verfälschung der Goldenen Regel von Gesetz und Propheten (unser Hauptgebot des Evangeliums) will provozieren. Es soll sich festsetzen und natürlich geht es da ums Kaufen. Die Goldene Regel des Evangeliums ist für uns die Hauptsache von der Hauptsache, denn sie ist der Schlüssel zum Lebensglück, ja zum Leben über das Leben hinaus, letztlich zum ewigen Leben. Für die betreffende Autofirma gibt es kein Tabu, um die Leute zum Konsumieren, zum Geldmachen zu bewegen.

„HAST DU WAS, DANN BIST DU WAS!“ Soll das meine IDENTITÄT sein? Dieser Unwert wird den Leuten vermittelt, eingepackt in der Goldenen Regel – ein Missbrauch mit dem Evangelium Jesu Christi!

Als die britischen Untersuchungsrichter die Randalierer von Tottenham ins Verhör nahmen, staunten sie nicht schlecht, dass ihnen da Lehrer, ja sogar eine Millionärstochter in die Hände gefallen waren.

Lautet das neue Motto: „KLAUE WAS, DANN BIST DU WAS!“?

Die Medien kommentierten: „Randalierende Jugendliche mit leeren Augen“ – „Moralverfall in Zeitlupe“ – „Eine brutale Steigerung des Materialismus“

Aber ernten wir nicht womöglich, was wir (durch Un-Botschaften) gesät haben? Die ganz NEUE IDENTITÄT durch den kriminellen Kick?

Szenenwechsel: Tausende Kilometer weiter westlich treffen sich 2 Mio. Jugendliche zum Weltjugendtag in Madrid mit dem Papst. Viele zu Fuß bei sengender Sommerhitze oder gewaltigen Gewittergüssen, doch sie strahlen Freude aus. Sie haben strahlende Augen – keine glasige Leere!

Als bei der Vigil, am Platz der vier Winde (Cuatro Vientos), über den 2 Mio. Jugendlichen und dem Papst ein Gewitter niederging, rauschte es wiederum im Blätterwald, weil der Weltjugendtag eine Zumutung an Opfer und Finanzen wäre. Schon vorher waren jugendliche Berufsdemonstranten extra angereist und lamentierten zusammen mit missmutigen Journalisten: „Schade um das viele Geld! Fort mit dem Papst, weg mit den Millionen Jugendlichen, weg mit der Botschaft des Papstes und der Kirche!"
Ob sie die uralte und doch ewig junge Botschaft von der Anstrengung der Liebe: „Liebe Gott und deinen Nächsten wie dich selbst!" überhaupt je hörten, verstehen und aufnehmen konnten?
Denn auch diese Demonstranten hatten leere Augen. Leer, weil im Herzen nur der Un-Wert des Materialismus eingespeichert und der Sinn des Lebens noch unbekannt ist? Aber diese leeren Augen staunten nicht schlecht, als sie plötzlich sahen, dass die von ihnen angepöbelten jungen Katholiken in aller Seelenruhe vor ihnen auf die Knie gingen, um auch für sie das Geschenk der Versöhnung und des Friedens zu erflehen (Foto). Dieses Zeitungsfoto erschütterte mich. Es gab mir einen Stich ins Herz und ich sagte mir, so mussten damals die jungen urchristlichen Zeugen (Märtyrer) ausgesehen haben. Es ist dieselbe Kraft des Heiligen Geistes, es ist derselbe Auferstandene, der durch sie wirkt. Es ist dieselbe Identität der Liebe, die diese jungen Leute haben: Nicht consumere ego sum, sondern amo ego sum! Die Goldene Regel in Reinstform.
Ich glaube fest daran, dass diese wahre Identität und dieser Wert über alle Un-Werte, Un-Botschaften und Un-Identitäten siegen wird und es zu einem erfreulichen neuen Rauschen im Blätterwald kommen wird, sprich die unerschütterliche Hoffnung, dass wegen solcher Jugendlicher die Menschheit einer guten Zukunft entgegen geht. Gerade eben höre ich die frohe Botschaft, dass viele jugendliche Demonstranten der Einladung zur Papstmesse gefolgt sind, dass Gespräche und Versöhnung stattfanden.

Ich will einen Bund mit dir schließen!

Es gibt in einigen Kirchen die Möglichkeit Dankes-Worte in ein Buch oder auf eine Tafel niederzuschreiben. Bei der durchgehenden Anbetung (24/7-Prayer) der Jugend haben mich am stärksten die geschriebenen Dankesworte beeindruckt: „Danke, dass es dich (...) gibt, dass du immer zu mir stehst, ganz gleich, ob es mir gut oder schlecht geht." Diese Dankes-Gebete waren öfter zu finden, sie haben sich sowohl auf die Freundschaft zu einem Menschen, als auch darüber hinaus, auf die Freundschaft zu Gott bezogen. So wie das Sicherungsseil eines Bergsteigers in einer schwierigen Passage, so wie der Sicherheitsfallschirm eines Fallschirmspringers, (falls der erste nicht aufgeht), ist eine echte Freundschaft. Ich weiß, wenn alle Stricke reißen, ich werde dennoch durch jemanden gehalten. Oder so wie der im Geheimversteck liegende Ersatzschlüssel für die gesperrte Wohnung oder für das Auto. Er vermittelt die Gewissheit: Für eine Zukunft, die wie verbaut, verschlossen scheint, tut sich durch den Rat und die Hilfe des Freundes doch ein neuer Weg auf. Da hält mir jemand den Rücken frei, steht hinter mir, tröstet mich. Die Bibel beschreibt ihn so: „Der Freund erweist zu jederzeit Liebe, als Bruder für die Not ist er geboren" (Spr 17, 17).

Glücklich, wenn du einen Freund, einen (Ehe-)Partner gefunden hast, auf dessen Treue und Verlässlichkeit du in guten und in bösen Tagen zählen kannst. Und was ja noch wichtiger ist, *durch den du selber als Freund herausgefordert wirst,* diese Tugenden deinem Herzen anzutrainieren. Das sind Ideale, für die es sich zu schwitzen und trainieren lohnt, die so wert-voll sind, dass sie darum wert-geschätzt werden, wie eine Super-Ski-Goldmedaille oder ein Fußballpokal, die einen Ehrenplatz bekommen. Aufbewahren, ehren, schützen und pflegen meint auch das Wort *"konservieren".* Konservativ sein heißt, wertebewusst sein. Aber genau das sehen einige Zeitungsschreiber

wie z.B. jener in der „Heute“-Zeitung vom 23. 9. 2011 irgendwie anders: Er klagt: *Warum ist unsere Jugend so eigensinnig, so konservativ?* So bieder, so angepasst? Der Schreiber rechnet sich selber zur „coolen“ (etwas) älteren Generation, die er mit den Schlagworten beschreibt: „Selbstverwirklichung statt Familienglück, Party statt Büro und freie Liebe und lange Haare.“ Sie und er können es überhaupt nicht verstehen, dass laut einer Jugend-Umfrage 9 von 10 Jugendlichen eigene Kinder haben wollen (wie schrecklich, Österreich stirbt anscheinend doch nicht aus) und fast ebenso viele finden es gut, dann Zeit mit ihrer Familie (*Familie* – dieses alte Un-Wort hatte doch jemand abschaffen wollen?) zu verbringen. Sie verstehen es nicht, warum fast 8 von 10 Jugendlichen sich am Standesamt oder in der Kirche gar die Eheringe (!) anstecken wollen. Der Jugendpsychologe Bernhard Heinzlmaier schlägt Alarm und meint dazu: „Was wir sehen ist, eine schnell wachsende Gruppe an egozentrischen Materialisten. Sie sind in keinster Weise zukunftsorientiert! Seine Analyse: da sind „Spießer und Genießer“, die (in bürgerlicher Weise) Österreichs Zukunft bedrohen!!!
Ich weiß nicht, wie es Ihnen beim Lesen geht, aber ich hab erst mal die Stopp- und Rückspultaste gedrückt, um die neue Generation zu identifizieren und bin (ein paar Sätze vorher) fündig geworden. „Büro statt Party, Familienglück statt Egotrip (sorry: „Selbstverwirklichung“). Sind das nicht die neuen (eigentlich alten) besseren Werte? Macht der Schreiber nicht den Bock zum Gärtner? Ist nicht das Gegenteil richtig? Nein, ich sehe da keine Bedrohung, sondern Hoffnung flammt in meinem Herzen auf. Die meisten reifen Jugendlichen, mit denen ich spreche, bezeugen mir, dass „freie Liebe (also Sex ohne Ende)“ sich wie eine leere Blechdose anfühlt und „Party bis zum Abwinken“ am nächsten Morgen mit bösen Überraschungen verknüpft ist.
Diese neue Generation, welche die „superfreien Pseudowerte“ schon erlebt, erlitten und durchschaut hat, sie sucht eine neuere werte-bewusste Botschaft und versucht sie auch zu leben. Ja, es gibt unter den, aus „ihrer Generation“ Ausgestiegenen, auch *Promis* mit einem

publizistischen Aufschrei: von der Fürstin Gloria bis zu Nina Hagen (sie sind gute Freundinnen), von Gabriele Kuby bis M. Matussek (Spiegel), von Liebherr bis Seewald. Sie brennen darauf, zu publizieren, Antwort zu geben auf die Frage des Journalisten: „Warum ist unsere Jugend so konservativ?“

„Einen Bund will ich mit dir schließen, spricht der Herr, einen ewigen Bund der Treue. Ich kleide dich schützend in den Mantel meiner Gerechtigkeit.“ (vgl. Jes. 61, 8–11). Wesentlich schöner und reicher wird unser Leben, wenn wir die Treue und die Kraft eines menschlichen Freundschafts- oder Ehebundes erleben dürfen. Diese Bünde sind Symbol für den viel höheren Bund mit Gott, der bis in die Ewigkeit reicht.

Also ist hier ein hoffnungsvoller Aufbruch zur Bundespartnerschaft zu beobachten? Oder dient das angestrebte Familienglück doch nur der eigenen Karriere und dem Geldverdienen, so wie die Jugendanalyse vorwurfsvoll (miss-) interpretiert wird? Beugt die ganze Welt die Knie vor dem Mammon? Oder dient uns das Geld dazu, um Freunden, Familien und Fremden Gutes zu tun? Ich kenne genug Familien, die das Vorleben, und ich bete für die diesjährigen Reindorfer Hochzeiten, dass die Ehepaare ein leuchtendes Zeugnis für ein werterfülltes Leben werden.

Himmel & Erde verbunden in der Gnade

„Nimm deine Diener und Dienerinnen auf in die Herrlichkeit deines Sohnes, mit dem auch wir durch das große Sakrament der Liebe **verbunden** sind.“ *(Gabenbereitungsgebet am Allerseelentag)*

Es ist Allerseelen! Das Fest des göttlichen Gnadentransfers von der Erde zum Himmel, vom Zeitlichen zum Ewigen. Das bekommt keine Handyvertragsfirma, kein E-Mail-Server, kein Satellitentelefon und sicher nicht die Post hin. Eine Lebenstransfusion von Gnadenenergie in das Jenseits, in die Ewigkeit hinein. Grandios! Unfassbar!

Wir ergänzen den jenseitigen Seelen (Herzen) das, was ihnen noch an Zurüstung und Ausrüstung für die **ewige(!)** Lichtherrlichkeit des

Himmels fehlt. Und die ganz große Wechseldrehscheibe ist das weltumfassende, göttliche, liebende Herz Jesu, d.h. Einladung zum Anschluss an die - www.gnadendrehscheibe.himmel - für Milliarden von Menschen. Wir brauchen nicht zu verstehen, was mit Browser, Provider, Wlan, E-Mail-Server, etc. gemeint ist (ich versteh' es nicht), wenn wir nur das **Herz Jesu**, das Ablassen von Schulden und Rückzahlung von Sündenresten zu Allerseelen verstehen, wenn wir ihnen beim Friedhofsgang unsere Herzen, unsere Gebete, unser Opfer, unsere hl. Messen durch das Herz Jesu *(per ipsum, et cum ipso, et in ipso)* zuwenden.

Nur gläserne Konten gibt es da drüben in der Lichtherrlichkeit, d.h. die totale Transparenz von Worten, Werken und Gedanken. **Alle** müssen die Heiligkeit lernen, jeder Anhauch von Sünde wird zurück genommen, ausgelöscht und weggewischt. Ist **das** nicht der Himmel? Das ist die totale Kommunikation der Heiligen, die *Communio Sanctorum* (die Gemeinschaft der Heiligen) im Himmel. Beachte: Auch die sich vor Sehnsucht nach Gott verzehrenden Seelen im Fegefeuer (= Reinigung) werden von der Kirche in dieser Hinwendung sogar schon als **heilige** Seelen bezeichnet.

Und so wie die Kirche auf der Erde **ihnen** zu Hilfe kommt, so helfen sie auch **uns** nicht nur in all unseren Nöten (siehe 14 Nothelfer), sondern auch uns zu dieser irdischen heiligen Kommunikation, dass auch wir auf Erden die *Communio Sanctorum* lernen.

Ich glaube, dass Allerseelen darum auch heißt, dass wir den Himmel auf Erden einüben, dass wir Transparenz leben, nicht um in noch größere Konkurrenz zu treten, im Wettkampf des Marktes (welchen eigentlich?) den Anderen zu übertrumpfen oder die Schwächen des Anderen schamlos auszunützen (das wäre die Hölle!), sondern die schwachen Flanken des noch nicht so heiligen Bruders bzw. der Schwester vor dem Bösen zu schützen. Selig wird er bzw. sie sich dann fühlen.

Ich glaube, dass, so verstanden, es an diesem Doppel-(Hoch)-Fest Allerheiligen/Allerseelen sehr viel zu feiern geben wird.

Jahr 2012

Aufbruchsstimmung

Mose vermittelte damals dem Volk Israel die Vision IN das verheißene Land hineinzuziehen, in dem „Milch und Honig fließen“ – ein Sinnbild für das „Reich Gottes“.
Jesus inspiriert uns heute durch seinen Geist, IN dem Land wo wir sind zu bleiben und HIER „der Stadt Bestes zu suchen“ (Jeremia 29, 7), das heißt, hier das Reich Gottes zu erwarten.
Durch die Brille des „Diözesanprozesses APG 2010“ gesehen, bedeutet das für unsere Pfarre Reindorf folgendes:
wir wollen den Menschen unseres Wohngebietes in der Pfarre (quasi als Gottes Großfamilie) Heimat und Gemeinschaft (Koinonia) anbieten, „Welcome service“ in der Pfarre und Hausbesuche (Mission first – Martyria) anbieten. Wir wollen ihnen helfen, im Alltag geistlich stark zu werden, sie darin unterstützen, den Platz an den Gott sie gestellt hat, als den Ort ihrer Lebensberufung zu verstehen und immer besser auszufüllen (Jüngerschaft), um so zum größeren Segen für ihre Mitmenschen zu werden (Diakonia – Dienst) und zur größeren Ehre Gottes zu leben (Liturgia – Anbetung).
Bei all unserem irdischen Bemühen vertrauen wir besonders auf die Hilfe der Muttergottes und unserer persönlichen Namenspatrone und Lieblingsheiligen und somit haben wir in Kurzform den Auftrag und die Bestimmung des irdischen wandernden Gottesvolkes und des verherrlichten Gottesvolkes (communio sanctorum) beschrieben.
Mose hatte für das wandernde Gottesvolk viele Dienstbereiche, genauso wie die Kirche heute. Damals half z.B. jeder mit, die Zelte seiner Sippe aufzubauen (ein Sinnbild für die heutige Hauskirche). Jeder sammelte damals Morgen für Morgen das himmlische Manna vom Wüstenboden auf (ein Sinnbild für die spirituelle Nahrung aus dem Wort Gottes, dem Gebet und den Sakramenten). Neben den

allgemeinen Diensten gab es spezielle Aufgaben, wie die der Hersteller des heiligen Zeltes, der liturgischen Gewänder, der Gesetzeslehrer (Katecheten), der Musiker, der Priester, der Richter und der Pioniere, die das neue Land auskundschafteten. Sie dienten einander und dienten Gott. Es gilt: every member (Mitglied) is a minister (Diener). Auch heute ist jeder Dienstbereich gleich wichtig. Wir hängen alle voneinander ab. Jeder wahrgenommene Dienst ist ein Ausdruck der persönlichen Talente und des eigenen Herzens. Der Seher Bileam schaute dieses wandernde Gottesvolk und sprach „seht wie wohlgeordnet und lieblich sie im Lande lagern" (vgl. Numeri 24, 2–9) und er rief den Segen Gottes auf sie herab. Durch die PGR-Wahl sollen auch unsere Dienste wohlgeordnet und strukturiert werden. Halte die Ordnung und die Ordnung wird dich halten. WÄHLE fähige Männern (und Frauen) aus, die in Israel richten und schlichten helfen, so sprach der Schwiegervater Jitro zu Mose (vgl. Exodus 18, 13–26). Sucht das Beste für euer Land und euer Wohngebiet. Ihr seid von Gott gesegnet und sollt ein Segen sein!

Pfingstlicher Mut tut gut - Komm Heiliger Geist!

Im März befand ich mich auf einer Schi-Tour auf den Schneeberg. Kurz vor der Fischerhütte (2000 m) traf unsere 3er Gruppe auf den Herrn Weihbischof samt Generalvikar. Somit waren wir vier Priester in der Gruppe – ein abgerundeter geistlicher Beistand, mit dem ich das wagte, wozu ich bisher noch keinen Mut gefunden hatte, nämlich die lebensgefährliche Schiabfahrt die Breite Ries hinunter. Eine herrliche Steilabfahrt von fast 1000 m. Gewagt und gewonnen, es war einfach herrlich!
Ein Journalist Matthias Matuschek (Spiegel, Stern), beschrieb in seinem Buch „Das katholische Abenteuer" (Untertitel „eine Provokation") seinen Weg vom braven Ministranten zum weniger braven 68er Revoluzzer und seine Heimkehr zum Vollblutkatholiken. MUT TUT GUT! Er scheut sich seitdem nicht, betreffs Jesus, Papst

und Kirche bei links- und rechtsdenkenden Mitbürgern Rede und Antwort zu stehen und sich im Dialog auseinanderzusetzen. Seitdem wird er „Krawallkatholik“ genannt. Sicher ein Kompliment in den Augen Jesu, aber genauso auch eine Neandertaler-Unterstellung seitens des deutschsprachigen Blätterwaldes samt seiner Oberförster. Auch Thomas Gottschalk plaudert offen im Spiegel-Interview über seinen heißen Draht nach „oben“. Na klar hat es ihn im Glauben auch kalt erwischt, Niederlagen musste er hinnehmen und viele Gebete wurden nicht erhört. Aber er bekennt, den Glauben an Gott habe er niemals aufgegeben. Es sei seit der Kindheit ein ganz großes Geschenk des Himmels, dass er vor die Fernsehkamera treten könne, ohne sich verstellen zu müssen, ohne Scheu oder Angst zu haben. Schon in der Kirche habe er frisch, frei, fröhlich ministriert und am liebsten das Weihrauchfass geschwenkt (katholische Missbräuche in irgendwelchen Formen hat er nie erlebt). Er muss sich nicht erst extra ein Herz fassen, um sich couragiert zum katholischen Christsein zu bekennen.

Couragiert und öffentlich haben ihr Christsein Petrus (der Fels) und Johannes (der Donnersohn) in aller Öffentlichkeit bei einer Gerichtsverhandlung in Jerusalem verteidigt. Richter, Schöffen und Anwälte des alten Jerusalem waren überrascht, wie mutig sich Petrus und Johannes verteidigten, obwohl sie offenkundig ganz einfache Leute ohne Schulbildung waren (vergl. Apg 4,13). MUT TUT GUT – so gut, dass die Gegner verunsichert waren, sie nicht zu bestrafen wagten und sie einfach wieder laufen ließen (vergl. Apg 4, 21). Darauf flehten sie mit den anderen Jesu-Anhängern um die Wette, für eine neue Ausgießung des Heiligen Geistes. DER war nämlich der Schlüssel für ihre Verwandlung von den verschüchterten Angsthasen des Karfreitags zu den kraftstrotzenden Weltveränderern des Pfingsttages. Tatsache der Kirchengeschichte!

Braucht jemand Weisheit und das Licht Gottes für sein Leben? Steht jemand vor unüberwindlichen Problemen? Wer braucht eine Portion Mut, um unter Arbeitskollegen oder an der Uni sein Katholisch-Sein zu bezeugen? Dann betet um den Heiligen Geist! Nicht ihr werdet dann reden, sondern der Geist eures Vaters wird durch euch reden! (Mk 13, 11). Eine Botschaft der Muttergottes in Medjugorje lautet: „Liebe Kinder, beginnt jeden Tag damit den Heiligen Geist anzurufen. Es ist das Allerwichtigste, zum Heiligen Geist zu beten." (Botschaft vom Advent 1983)

Der „heiße Draht" und die gute Stimme

Wer kam sich nicht schon wie ein gestresstes verlorenes Schaf vor, mit überreizten Sinnesorganen, Augen und Ohren. Im Informationsgewirr des Medienzeitalters sehnen wir uns danach, DIE eine warme Stimme zu hören, die uns Ruhe und Kraft vermittelt.
Ein Journalist unserer Bezirkszeitung kam vorgestern zur Pfarre um Werbefotos für die lange Nacht der Kirche zu machen, fragte aber, ob hier nicht ein Kloster wäre, wo man Tage der Stille genießen könnte.
Also, ihr gestressten Manager, Journalisten und Berufstätigen, ihr Väter und Mütter! Probiert es aus, den Mund zu halten, die Ohren aufzusperren und vielleicht flüstert dir Jesus die frohe Botschaft ins Ohr: „Habe keine Angst! Vertraue mir, alles wird sich wunderbar vollenden!"
Zumindest EIN „Spitzenmanager" vermochte es, die Stimme des guten Hirten aus dem Informationsgewirr der Leitungszentrale herauszuhören. Es war der Hirte der Christenheit, Johannes Paul II, der zwei Jahre vor den Ereignissen des Mauerfalls dem damaligen Berliner Kardinal sagen konnte, dass das geteilte deutsche Land bald vom Mauerstacheldraht und den Schießanlagen befreit würde. Er bat 1987 den Kardinal Joachim Meisner: „Geh du bitte nach Köln, es werden dir in aller Freiheit noch viele nachfolgen!". „Unmöglich!", antwortete darauf der Berliner Bischof, „Oder hast du etwa einen Geheimdienst?" – „Nein, nicht, aber es gibt eine gute Stimme da oben!", und er setzte nach, „dort oben ist mein Geheimdienst" und er deutete mit dem Finger zu Jesus, dem guten Hirten im Himmel, der

um das Schicksal seiner vielen, vielen Schafe weiß. Gegen alle seine Gefühle glaubte Kardinal Meisner diesem Himmels-Wort und ging nach Köln. Zwei Jahre darauf fiel die Berliner Mauer und etliche folgten ihm über die Grenze nach (so auch ich).

Woher hatte der Papst die Fähigkeit, das zu hören, was niemand für möglich hielt? Worin bestand der Schlüssel für das Funktionieren seines heißen Gebetsdrahtes? Er lüftete sein Geheimnis, in St. Louis, 1999 wie folgt:

„Nur durch das Gebet könnt ihr ihn (Gott) wirklich und persönlich kennenlernen. Ihr müsst zu ihm sprechen und ihm zuhören. Heute leben wir in einem Zeitalter der Realzeitkommunikation, aber ist euch auch bewusst, was das Gebet für eine einzigartige Form der Kommunikation ist? Das Gebet macht eine Begegnung mit Gott im tiefsten Grund unseres Seins möglich. Es verbindet uns direkt mit Gott, dem lebendigen Gott, Vater, Sohn und Heiliger Geist in einem ständigen Austausch der Liebe."

Und er schärfte den Jugendlichen wiederholt ein: „Gebt das Training des Gebetes nie auf!"

Dieser sportliche Papst praktizierte keine esoterischen Geheimtricks, sondern er lebte, schrieb, verfasste und erbetete seine Ansprachen, Texte und Programme in seiner Privatkapelle. Hier war sein Lieblings-Ort, wo er die Stimme des guten Hirten hörte, der heilige Raum seiner Alltags-Mystik und seines Weltklasse-Managements, ein Beispiel des Gebetes und ein mehrfacher Beweis, dass das Versprechen Jesu keine leere Worthülse ist. Er machte nie Urlaub **von** Gott, sondern seine Zeit **mit** Gott war wie ein Urlaub. Er reservierte sich immer eine Zeit und einen Raum für ein Rendezvous mit Jesus, mit dem Heiligen Geist, mit der Stimme des Friedens, des Lebens aus dem Ewigkeits-Bereich, so wie die 120 Jünger im Obergemach mit Maria und erst dann tat Gott das Seinige dazu.

Jahr 2013

Ostern: Stein des Anstoßes wird zum Stein der Weisen

Wer wälzt uns den Stein vom Grabe fort? So fragten die Frauen. (vgl. Mt. 28,1 ff) Ein Totengedenkstein als Abschluss der Geschichte einer ganz großen Hoffnung, einer Vision, die man mit einer überaus charismatischen Person verband? „Lasst uns Ihm zu Ehren einen Schlussstrich unter diese Geschichte ziehen! In Würde eine Grabplatte darüber wälzen!" So mögen sie gedacht haben.

Das Imponierende an der christlichen Religion ist der dialektische Sprung, die völlige Neukombination aller positiven und negativen Ereigniselemente, der stete Neuanfang, die große Überraschung des Lebens, welches über tausend Tode siegt. Der Stein des Anstoßes, der unverrückbare Betondeckel, wird irgendwie von Engelshand bewegt und mutiert in der göttlichsten Nacht aller Nächte zum Stein der Weisen.

Ein neuer Morgen bricht an. Wer sein Leben bereit war zu verlieren, erfährt im Höhepunkt der dramatischen Lebenskrise eine ungeahnte Wende, einen entscheidenden Erfahrungs- und Erkenntniszuwachs, weil Jesus (als Profi-Krisenmanager) die Krise mit ihm oder mit ihr durchgegangen ist, weil er mitgetragen, geführt, geholfen und gerettet hat. Am Höhepunkt findet eine Wesensveränderung der Personen statt. Nun können z.B. Eheleute sagen, „das hat uns auf eine neue reifere Ebene katapultiert". Oder Jugendliche oder sonst wie in sich Gefangene beliebigen Alters können sagen, „diese Krise der Sucht hat mich zur schmerzhaften Erkenntnis meiner Schwachheit und Erlösungsbedürftigkeit geführt, aber im Weiteren Schritt für Schritt durch Gottes Gnade und durch die Begleitung von lieben Menschen (sogenannte Schutzengel) zur eigentlichen Identität und Realität des Lebens. Jetzt bin ich Lasten losgeworden. Jetzt konnte ich anderen verzeihen, hab mir selbst verziehen, habe mich mit Gott ausgesöhnt."

Ich denke, das ist Ostern! Das ist das unglaublich Imponierende an der christlichen Religion, dass der Stein des Anstoßes zum Stein der Weisen wird, nämlich zur Botschaft, dass bei Gott nichts unmöglich ist, dass er aus dem Tod neues Leben schafft. Nachdem das System scheinbar abgestürzt ist, leuchtet das Wort „Neustart" auf. Die Botschaft, dass wir durch Ihn und mit Ihm und in Ihm auferstehen. Fürbitte kann auch heißen, verbunden mit dem Himmel „Neustart" zu drücken, für jeden einzelnen zu beten und für die ganze Kirche.

Überraschung: Papst Franziskus

Mitten auf dem Henriettenplatz, während unseres gemeinsamen Kreuzweges der Pfarren Maria vom Siege und Reindorf am 13. März 2013 um 20.15 Uhr, ereilte uns die freudige Nachricht und ein ansprechendes Foto per Smartphone – wir haben einen neuen Papst! Er, der Argentinier aus Buenos Aires, Franziskus, wird von nun die Kirche Gottes auf Erden leiten. Doch er ist kein Franziskaner, nein, er ist Jesuit. Für die Argentinier, insbesondere für „seinen" Fußballclub San Lorenzo, war es eine Nacht des Feierns in übervollen Kirchen. Der lateinamerikanische Kontinent ist begeistert. Für das alte Europa und vor allem Deutschland eine heilsame Erfahrung. Der Schwerpunkt der Kirche hat sich im 20. Jahrhundert doch längst nach Lateinamerika (400 Millionen Mitglieder) verlagert. Kardinal Schönborn berichtet von Jubelstimmung in der Sixtinischen Kapelle und dem hellstrahlenden Gesicht des Kardinals von Sao Paolo. Mit ihm hatte er sich zufällig zwei Wochen zuvor in Assisi getroffen und betete dort an den Reliquien des großen Heiligen für den 266. Nachfolger des heiligen Petrus. Beide stellten sich die Frage, warum es noch nie einen Papst Franziskus gegeben hatte. Jetzt haben wir ihn! Und die Bodyguards des Papstes befürchten, dass das Unberechenbare bei ihm noch schlimmer wird, als bei dem Papst aus Polen. Die Armen jubeln, weil er ohne eine „Breve oder Enzyklika" zu veröffentlichen der Welt eine deutliche Botschaft gebracht hat, ein „Aufreger" für die gesamte römische Kurie. Dieser Papst fährt nicht in der großen Limousine, sondern im Mannschaftsbus. Dieser Papst holt eigenhändig seine Koffer aus dem Hotel ab und bezahlt auch selber seine Rechnungen. Gewisse Kreise befürchten sogar, dass er im Sommer mit „Jesus-Latschen“ zu den sieben Hauptkirchen Roms pilgert. Taten sprechen deutlicher als Worte. Und die Armen jubeln, weil in der den Armen dienenden Kirche die Macht der Liebe des demütigen Messias zu erkennen ist. In Argentinien kannte man Jorge Mario Bergoglio schon immer als offen, direkt und tatkräftig. Die damalige Junta seines Landes hatte er spitzbübisch ausgetrickst, indem er einem Militärgeistlichen im heiligen Gehorsam verpflichtet hatte, sich vor der entsprechenden Hausmesse im Regierungspalais krank zu stellen, Bischof Bergoglio selbst aber als Mess-Aushilfe anzufordern. Die Rechnung ging auf und nach der Palais-Hausmesse gab es ein Vieraugengespräch. Den Inhalt kann man sich denken. Der Chef-Exorzist des Vatikans Gabriele Amorth warnt den Papst, so zu leben sei gefährlich. Es gibt Mächtige in dieser Welt, die auf Päpste schießen lassen oder bestrebt sind, dass ein Papst nur 33 Tage regiert. Doch Papst Franziskus redet Klartext gegenüber allen Kardinälen: „Ohne Christus mutiert die Kirche zu einer NGO (Nicht-Regierungs-Organisation). Wenn ihr nicht Christus, den Herrn, anbetet, dann betet ihr den Teufel an“, so zitierte er Leon Bloy und ermahnte in dieser scharfen Form gewisse Zustände in der Vatikanbank, wo man mit dem Mammon dieser Welt zu tun hat (schon bei Jesus und Judas gab es solche Probleme).

„Erliegt nicht der Versuchung, Jünger der Weltlichkeit zu werden, werdet und bleibt Jünger Christi!“, so der neue Papst. – Die gepriesene Armut, Opfer und Kreuz gehören zusammen. So hat Franziskus einen Aufbruch des Heiligen Geistes, eine wahre Reformation der Kirche eingeleitet. Wir, besonders unsere Kirche im alten Europa, freuen uns über diese neue Verlebendigung. Danke Euch allen, die Ihr um einen neuen Papst gebetet habt! Die Überraschung ist geglückt!

Kein Feuer ohne Hitze – Pfingsten

Niemand kann getauft werden, ohne dass er dabei nass wird. Niemand kann das Feuer des Heiligen Geistes empfangen, ohne dass ihm (irgendwo wenigstens) heiß wird. Wer im Taufbecken untertaucht oder im Jordan steht, der *ist* einfach nass. Wer am Feuer sitzt, dem *wird* warm oder sogar heiß.

Darum beten wir in der Pfingstsequenz: „Wärme du was kalt und hart!" Das war die *eine* Wirksamkeit des Heiligen Geistes in der Jerusalemer Urgemeinde: Sie waren eine *warmherzige* Gemeinschaft, hatten alles gemeinsam, ja sie „waren ein Herz und eine Seele". (Apg 4,32)

Doch auch den anderen, die sich dem Wirken des Geistes widersetzen, denen wird es ganz *heiß*. Da reibt es sich an den Widerständen, da sprühen die Funken! Die ungläubigen Juden gerieten über das Zeugnis des Erzmärtyrers Stephanus in Wut. Bevor die Steine flogen, hielt er ihnen vor: „Ihr Halsstarrigen, die ihr euch mit Herz und Ohren immerzu dem *Feuer des Heiligen Geistes* widersetzt!" (Apg 7, 51) Doch er sah „den Himmel offen und Jesus zur Rechten der Herrlichkeit Gottes". (Apg 7, 56)

Unser neuer Papst Franziskus richtete zu Ostern an die ganze Kirche die Ermahnung, dass wir nicht nur das schöne *wärmende* Wirken des Heiligen Geistes wahrnehmen sollen, sondern auch seine aufrüttelnde *Feurigkeit*. Seid nicht „törichten und schwerfälligen Herzens", wie die Emmausjünger oder gar verstockt wie die halsstarrigen Führer des Volkes!

Um Papst Franziskus zu zitieren: „Der Heilige Geist stört uns! Weil er uns in Bewegung versetzt, weil er uns gehen lässt, weil er die Kirche drängt, vorwärts zu gehen. Und wir sind wie Petrus bei der Verklärung: ‚Ah, wie schön ist es doch, da zu sein, alle zusammen!' … Aber stören, nein, das darf er nicht. Wir wollen, dass der Heilige Geist einschläft. Und das geht nicht. Denn er ist Gott, und er ist jener Wind, der kommt und geht, und du weißt nicht, woher und wohin. Er ist die Kraft Gottes, er ist der, der uns den Trost und die Kraft gibt, voranzugehen. Aber: voranzugehen! Und das stört: das Bequeme ist schöner".

Diese Versuchung zum Bequemen, mahnt Papst Franziskus, zum ständigen Rückwärtsschauen, zum Kleinmütigen, besteht noch immer. Nur ein Beispiel – das II. Vatikanische Konzil: Wir, die Kirche, setzen ihm ein schönes Denkmal, feiern in schöner Gemeinschaft seinen 50. Jahrestag. Aber haben wir dadurch das getan, was uns der Heilige Geist bei diesem Konzil gesagt hat? Nein. Wir wollen keine Änderung, keinen echten Aufbruch, wollen nicht mit der Botschaft vom Auferstandenen hinausgehen. Wir wollen den Heiligen Geist zähmen, der doch schöpferisch ist, der frei macht, mit jener Freiheit Jesu, der Freiheit der Kinder Gottes, die nach vorne schauen lässt, voller Dynamik und Liebe. Der uns auf dem Weg der Heiligkeit vorangehen lässt, der schönen Heiligkeit der Kirche.

Ob wir zu Pfingsten auf dem Weg nach Mariazell sind oder auf dem Pfingsttreffen vieler im Glauben aufgebrochener Jugendlichen in Salzburg oder daheim in Wien, ich lade Euch ein, Euch eins zu machen mit dem mutigen Wunsch des Papstes für das kommende Pfingstfest „der Gnade der Fügsamkeit gegenüber der zweifachen Wirksamkeit des Heiligen Geistes".

Die Bilanz der letzten Monate

Positive Nachrichten aus dem Nahen Osten: Alles findet zum normalen Leben zurück. Die Ausgangslage ist bitte wieder herzustellen. Die Unruhen, die im Frühling am Palmsonntag begonnen haben, haben sich gelegt. Die traurige Bilanz: mindesten drei Tote, ein Suizidfall und ein Freigelassener. Unsicher sind Identität und Zustand des Rädelsführers. Zahllose Wissenschaftler aus etwa 40 unterschiedlichen Disziplinen forschen fieberhaft an seinem

Grabtuch (das Turiner Sindone). Das ist nämlich alles, was wir noch von ihm haben. Sollte sich der Körper der Leiche entmaterialisiert haben oder ist er auf höherer Seins-Ebene reanimiert worden? Und was ist zu dem übernatürlichen Licht zu sagen, das sich Jahr für Jahr aus seiner Grabplatte erhebt und auch von den größten wissenschaftlichen Skeptikern nicht geleugnet werden kann (im Internet per YouTube anzuschauen, Termin ist das orthodoxe Osterfest). Doch der Zustand in der Hauptstadt ist wieder friedlich. Bitte keine Aufregung, die Ausgangslage ist wieder herzustellen, es ist nichts wirklich Neues passiert, bis auf den kleinen Tornado in Jerusalem zu Pfingsten, ganz ohne Verwüstungen, obwohl alles unter Feuer stand. Sprachstörungen bei den frommen Leuten waren immerhin die Folgen, so sagen die einen, als heiliges Sprach-Wunder bezeichnen es die anderen. Doch hat sich etwas geändert? Ist etwas Wichtiges hängen geblieben? Ist etwas nicht mehr so wie es vorher war?

Die Katholiken Roms hängen in aller Gelassenheit die roten Messgewänder in die Sakristeikästen zurück und die grünen Messgewänder heraus. Gottseidank hat uns der Jahreskreis wieder! Der Sommer kann kommen, alles läuft nach Vorschrift und Plan! Viele freuen sich auf den Urlaub...

Unser Leben gleicht sicher einem Baum im Kreislauf von Frühjahr, Sommer, Herbst und Winter. Wir erleben den Zuwachs an „Jahresringen", die Zunahme von Erfahrung und Weisheit im Wechsel von Sonnenzeiten und überstandenen Stürmen. Doch die Schöpfung Gottes kennt auch den EVOLUTIVEN SPRUNG, die Neuschöpfung, den Neuanfang, das ganz neue Erbgut, die DNS mit einer NEU-IN-FORM-ATION, wie es vorher weder zu sehen noch zu hören war, nicht existent war. Karfreitag, Ostern und Pfingsten sind die drei neuen DNS-Bausteine zur sensationellen NEU-IN-FORM-ATION des Lebens von Milliarden von Menschen. Ist Dein Leben auch neuinformiert? Die Tiere sind nur geleitet von Trieben und Instinkten, wir Menschen nicht. Uns ist der freie Wille gegeben, der die

Bestimmung hat, sich für den je höheren Wert zu entscheiden. Der höchste Wert ist im Letzten Gott, ist die Liebe. Der Zellkern des neuen Erbgutes ist ER, der der Weg, die Wahrheit und der ewige Sinn ist. Milliarden Menschen haben sich für den Einbau, für die Nutzung dieser neuen Erb-IN-FORM-ATION entschieden. Es ist das Erbgut des Menschen der NEUEN ORDNUNG, dazumal bekanntgeworden als verachteter Rädelsführer der Jerusalemer Unruhen – Jesus von Nazareth.
Was ist die Bilanz? Was ist deine persönliche Meinung? Wie viele haben schon den quantitativ-qualitativen Sprung vollzogen? Wie viele atmen im Neuen Geist? Im Heiligen Geist? Unser kleiner Rückblick vom Monat Mai soll Mut und Hoffnung machen, dass es gar nicht so wenige sind und vielleicht entdeckst Du dich auch mittendrin!

Wie wir der Jungfrau Maria „gnädig" sein können!

Reiche Gnaden haben wir im Sommer vom himmlischen Vater und der Gottesmutter empfangen (siehe Berichte) und für uns Wiener gehen die Marienfeste und -wochen im September und Oktober gleich weiter (siehe Veranstaltungsteil).
Immer überbringt die „Gospa" uns Menschen das Geschenk des Herzensfriedens. Manchmal erwirkt ihre Fürbitte auch auffällige (Kranken-)Heilungen wie z.B. beim letzten Jugendfestival die komplette Heilung einer schwerkranken Rollstuhlfahrerin. Ihrerseits bittet sie natürlich auch um unsere Geschenke, Gebete und Opfer.
Am 19. April 1983 diktierte sie Jelena ein höchst erstaunliches Hingabe- und Weihegebet. Die Gospa will, dass wir beten: „Auch bitte ich dich, Maria, um die Gnade, dir gegenüber gnädig sein zu können!" Welche Fähigkeit, um „gnädig zu sein ihr gegenüber" meint sie denn? Braucht die Gospa etwa unsere Geduld und Nachsicht? Geht sie etwa mit unseren dringenden Gebetsanliegen falsch oder nachlässig um? Ist sie gar zerstreut oder vergesslich bei den Millionen Erdenkindern?

Als P. Tomislav Vasic deswegen bei Jelena rückfragt, stellt sich heraus, dass es der Gospa Leid tut und sie sich demütig entschuldigt, wenn sie momentan einige Gebetswünsche der jungen Jelena nicht erhören kann, da Gott es anders will. Die Mutter Gottes freut sich aber, wenn Jelena oder wir dafür Verständnis haben und es akzeptieren. Das beinhaltet die Gnadengabe, gnädig gegenüber der Gospa (oder Gott) zu sein.
Es bedeutet beten zu können: „Danke, Gott, für alle großen und kleinen Geschenke. Aber diese ‚Postsendung' kommt auf die Wartebank, du weißt es besser als ich, wie und was oder ob es überhaupt dran ist, die ‚Geschenksendung' zu erhalten. Jesus und Maria, ihr seid gelobt! Ich vertraue euch!"
Das meint die Gospa. Das hört sie gerne und ist froh, weil wir im Frieden bleiben oder zurückfinden, trotz der Kreuze, die wir zu tragen haben. Was für ein liebevolles Mutterherz zeigt sich hier!
Staunenswert sind alle deine Werke Herr, aber das vollkommenste Geschöpf ist Maria und das erstaunlichste Werk ist ihr reines mütterliches Herz.
Vertrauen wir ihr und ihrem Sohn das neue Schul- und Arbeitsjahr an!

„Nie wieder Krieg!" – S H A L O M

Das waren die eindringlichen Worte von Papst Paul VI. am 4. Oktober 1964 in seiner Ansprache vor den Vereinten Nationen. Dieses Mal wurden sie eindringlich wiederholt von Papst Franziskus bei der Gebetswache am 7. September 2013 auf dem Petersplatz für die dramatische Situation im Nahen Osten.
„Den Frieden kann man nur mit Frieden durchsetzen!" ... „nicht losgelöst von Gerechtigkeit, Opfer und Barmherzigkeit!" Aufgrund dieser mutigen Worte des Papstes sind zwei Wunder geschehen. Das Erste: Es gibt keinen Großangriff gegen Syrien. Das zweite: Syrien vernichtet endlich seine chemischen Waffen. Alles ist möglich dem, der glaubt! *„Durch Gebet und Fasten könnt ihr sogar Kriege*

verhindern.“ Vielen von uns ist diese Botschaft der Gottesmutter, der Gospa von Medjugorje, vertraut. Es dauerte nur von Samstag bis Montag, dass das Gebet und Opfer der vielen erhört wurde, dass die Mächtigen dieser Welt ihre gefährlichen Pläne geändert haben.

Und ich sehe ein drittes Wunder: Erstmals haben sich im Geist des Friedens Menschen unterschiedlichster Konfessionen und Glaubensrichtungen zum ausdauernden vereinten Gebet zusammengefunden. Es beteiligten sich Repräsentanten der Muslime und der Juden. Von Damaskus bis Washington, von Bagdad bis Manila, im Brennpunkt Rom selbst. Auf dem Petersplatz war zu sehen, dass trotz unterschiedlichen Glaubens Juden und Muslime mit dem Papst ihren Gebetsruf zum Gott des Lebens erhoben. Katholische Gläubige knieten vor dem Allerheiligsten und die Moslems verneigten sich ebenfalls vor IHM. Sie teilen nicht unseren Glauben, aber sie achten das, was uns „Allerheiligst“ ist. Und heilig ist uns allen der Erhalt des Friedens, des Shaloms. *„Friede auf Erden sei den Menschen seines Wohlgefallens, sei allen Menschen guten Willens!“* So singen die Engel bei der Geburt des Friedenskönigs zu Bethlehem. (vgl. Lk 2,14)

Der hl. Franziskus war damals schon der große Friedensapostel im Gegenüber zum Islam und bei Papst Franziskus sehen wir dasselbe Wunder einer geglückten Friedensmission wie bei seinem Namenspatron. ***Lebe*** es selber vor, wie Demut, Armut, Opfer und Dialog ausschauen, ***so*** wirst du die Menschen guten Willens dazu bringen, es dir nachzumachen.

Papst Franziskus hat sich lediglich mit den vielen friedenswilligen Gläubigen zum Rosenkranz, zum Fasten und zur eucharistischen Anbetung versammelt. Das kommt uns fast banal vor, so verstaubt katholisch. Doch er zeigt uns, wie es geht, die alten Schätze und Gnadenwerkzeuge zu neuem Glanz und neuer Wirksamkeit zu erwecken.

Nun lade ich alle ein, eine der größten „Gnadenoperationen“ mit Papst Franziskus mit zu vollziehen: Auch wir wollen uns ihr in den

Sonntagsmessen anvertrauen. Jeden 13. Im Monat vereinen wir uns im Gebet mit den Gläubigen beim Rosenkranz, bei Prozession oder Andacht.
Möge unser aller Gebet um Frieden, um den Schalom שלום Erhörung finden.

Aufbrechen und den Glauben verkünden

Das sind die **Leitworte des Kardinals** zum diözesanen Strukturprozess seit dem 12. September 2011 und dazu hatten sich im heurigen Oktober wieder etwa 1.500 Mitarbeiter im Stephansdom versammelt. Sein Auftrag heißt: **„Ite missa est!" – „Geht, ihr seid gesendet!"** – Und exakt ***so*** heißt es im Original nach jeder heiligen Messe. Natürlich sollten wir mit der *Botschaft des Friedens* hinausgehen, nach der sich die Menschen sehnen.
Willst du, dass deine Brüder und Schwestern mit dir ein Boot bauen, dann lehre sie die **Sehnsucht** nach fernen Ländern und dem weiten Meer (die Sehnsucht nach dem *Land des Paradies-Friedens*). In unserer Diözese haben wir noch genug Priester in diesem Dienst an der Botschaft vom neu-auferstandenen Leben, von diesem *paradiesischen Frieden*. Pro Wochenende wird in unserer Erzdiözese 1.800 Mal die Heilige Eucharistie gefeiert. Damit liegen wir Wiener und Niederösterreicher mit an der Weltspitze. Doch sind wir auch Weltspitze was die Sehnsucht nach dem eucharistischen Herrn betrifft? Je tiefer die Sehnsucht nach ihm, umso tiefer und klarer spricht er zu unseren Herzen. Aus diesem Grund haben manche Missionskirchen die größere Klarheit auf ihrem Weg. Darum ist das Jammern über die Vernebelungen des Zeitgeistes nicht notwendig. Weil wir Jesus haben, werden die Nebelwolken die Sicht auf die Kirche der Zukunft freigeben müssen. Habt Geduld!
„Auf diesen Felsplateau, auf diese Kontinente werde ich meine Kirche bauen und Stürme und Wogen werden ihr nichts anhaben können", spricht der Herr (vgl. Mt. 16,18). Abspecken von Protz und Luxus und

unnützem Ballast ist für die Kirche angesagt. Ergebnis der Schlankheitskur ist nicht die halbe Kraft sondern die halbe Masse und, so hoffen wir, eine höhere Qualität! Oft bekommen wir gar nicht mit, dass der Herr uns schon auf höheres Niveau gebracht hat. Jeder wird nicht nur nach wie vor gebraucht, sondern einige (von den Zuschauerplätzen) befinden sich ganz neu mitten im Spielgeschehen! Die Versuchung zur Trauer und Sprach- und Ratlosigkeit ist sicher nicht Tätigkeitskennzeichen des Heiligen Geistes.
Der Pfingstgeist führt nicht in die Sprachlosigkeit hinein sondern aus ihr heraus. Sieben herausgehobene Heiligkeits-Merkmale hat der Kardinal für die Kirche des 21. Jahrhunderts benannt:

1. ***den Mut, über Jesus zu reden***
2. ***den Mut, sich selbst von Jesus etwas sagen zu lassen***
3. ***zu lieben, wie Jesus geliebt hat***
4. ***notfalls übers Wasser zu gehen, so wie Jesus es getan hat***
5. ***sich zum Diener zu machen und nicht zum Herrn, so wie Jesus es tat***
6. ***ein Herz für die Nöte der Welt zu haben, wie Jesus es hat***
7. ***gesalbt zu sein mit dem Heiligen Geist, wie Jesus gesalbt war***

Es ist wichtig, dass wir diese Jesus-zentrierten, von mir neu aktualisierten Kernsätze nicht aus den Augen verlieren. Klug ist der, der nicht nur beim Startschuss des Marathons weiß, wo es lang geht, sondern der in guter Verfassung und ununterbrochener klarer Orientierung die Ziellinie erreicht. Es ist noch kein Meister vom Himmel gefallen! Wir sind nicht sofort Profis, was unsere Wegstrecke angeht. Das gilt nicht nur für den Schiabfahrtslauf und die Tour de France. Keine Freude ohne Schwitzen, keine Arbeit ohne Muskelkater, kein Erfolg ohne Analyse! Die Profis und Superprofis des Reiches Gottes sind kanonisierte und nicht kanonisierte Heilige.

Sie wissen ganz genau, wie man mit der Bibel umgeht, mit dem Gebet, mit den Sakramenten, wie man mittels der Mystik in den Himmel vordringt und doch tatkräftig die Welt verändert. *Sie wollten nie Esoteriker sein, die ihr Wissen geheim halten, sondern Bibel-Verkündigung und Weitergabe von Lern-Erfahrungen war ihnen ein brennendes Anliegen.* Profitieren wir von ihrem Wissen, gerade in unserem Diözesanprozess. Doch „durchziehen" müssen wir ihn selber! Niemand schlendert mit einem Fußball zur Torlinie und schreit: „Tor!".

Mir ist klar geworden, dass es unsere eigenen, oft mühsam erarbeiteten Sprint- und Pass-Vorlagen braucht, die wir uns selbst ausdenken (und von Jesus inspirieren lassen), damit es *unser Reich-Gottes-Tor-Jubel* werden kann. Ich wünsche allen den Segen Gottes, damit wir auch das „notwendige Tor-Glück" haben und vor allem eine mächtige Portion Geduld mit uns selbst und den anderen.

Medizin für die hektische Weihnachtszeit

Schneller als sonst hat uns schon wieder die Weihnachtszeit erreicht. Die Jagd nach den Geschenken beginnt, das „Herumgrübeln" und Sich-Sorgen-Machen. Kaufwütige Menschen hasten den Straßen entlang und aus den Lautsprechern der Kaufhäuser dudelt uns Weihnachtsmusik entgegen. Jeder fragt sich, welche Geschenke sollte/könnte ich diesmal besorgen mit denen ich zeige, dass es von Herzen kommt und nicht auf den letzten Drücker besorgt wurde. Wenn die Zeit immer knapper wird, hängt bald der Familiensegen schief und ist in Gefahr völlig aus dem Lot zu geraten. Zusätzlich warten auf einen noch die Firma und sonstige Vereine mit ihren Vorweihnachtsfeiern. Lieber Gott, gib mir genug Nerven, damit alles nett und freundlich über die Bühne geht! Hoffentlich werde ich in dieser kalten, nassen und dunklen Jahreszeit nicht noch „grippig" und fiebrig, denn dann ist es gar nicht mehr auszuhalten! Bei so manchen

wird ein händeringendes Gebet zum Himmel empor steigen: „Heiliger Gottvater, sei uns bloß gnädig!"
„Und der Himmelsvater schaut und lacht, was der Mensch da unten macht!" In seinem Herzen regt sich großes Erbarmen und darum möchte er uns dringend an seine Gnadenzuwendung erinnern. „Meine lieben Kinder, hört auf ängstlich zu rennen und zu schuften und richtet euer Herz auf die Tatsache, dass der Dezember mein *Gnadenmonatsgeschenk für die Erde* ist." Lernt von den Hirten vor 2000 Jahren, die nichts als ihre Schafe mit der warmen Wolle unter dem Sternenhimmel hatten und viel, viel Zeit (niemand surfte von ihnen im Internet herum). Und mit einem Mal richteten sich ihre Hirtenaugen auf die Erscheinung der mysteriösen Engelsschar am lichtvollen Himmel, die ihnen gleichsam als Liebeserklärung Gottes, als riesengroßes Geschenk aufleuchtete. Die Menschheit, die sich in alle möglichen und unmöglichen Probleme verrannt hatte, sollte endlich zur Ruhe, zum Frieden, zur Versöhnung gelangen.
„Friede auf Erden allen Menschen guten Willens!" So lautet die *Gnadenbotschaft*, die der hl. Lukas auf den Buchdeckel seines Evangeliums niederschrieb. Die Hauptrolle spielte eine junge Teenagerin in dieser Geschichte. Sie hatte keine Probleme mit der Schule, mit ihren Eltern, mit ihrer Ernährung oder mit ihrem Aussehen. Sie hieß Maria, war cool und lebte cool im Frieden Gottes, der sie ebenfalls mit einem mysteriösen Engelsbesuch beglückte. Dieser sagte ihr: „Hey, junges Mädel, du bist sogar randvoll mit der Gnade Gottes angestopft! Du bist eine vollbeschenkte Frau und wirst alle Menschen zu allen Zeiten weiterbeschenken." Bekanntlich hüpfte – ja tanzte – ein kleines Baby namens Johannes im Bauch seiner Mutter Elisabeth bei der Begegnung mit eben dieser Mutter Maria als Antwort auf diese Gnadenausschüttung. Wenn es heißt, Maria dachte immer wieder über alles nach, dann bedeutet es, dass sie sich geistig mit diesen Gnadengeschenken umgab und sie immer weiter „auspackte" und dankend bestaunte. Mit diesem Vorgang haben wir

eine Definition von geistlichem Leben, von spirituellen Medikamenten für den Monat Dezember.
Medikament 1, mehrmals täglich anzuwenden: Sich bitte wie die Hirten ins Freie bewegen, sich mit Schafen ruhig zu lagern, sich von Engeln umgeben zu lassen und im Geiste gnadenvolle Himmelsmusik hören. **Medikament 2** (für Fortgeschrittene): Sich bitte in seine Teenager-Zeit zurückversetzen, sich mit Unschuld bekleiden (z.B. beichten), anschließend den Engel im Geiste hören und den Inhalt seiner persönlichen Rede verinnerlichen. Gewollte *Langzeit- und Nebenwirkungen*: Neue Glaubensgewissheit, Herzensfriede, Hingabe an Gottes Pläne, innere Freiheit, Freundlichkeit, Güte, Geduld und andere Früchte des Geistes (siehe Gal 5, 22).

Jahr 2014

Göttlicher Humor für Neues

„Greifen Sie zu! Garantiert neu!" – Ein Werbescherz lautete: „Ganz neu, sie erhalten bei uns noch weniger Inhalt für noch mehr Geld!" Das nenne ich Missbrauch treiben mit der göttlichen Tugend des Hoffens auf Neues, auf Besseres. Hoffentlich wird es in diesem neuen Jahr besser und leichter! Sperare – spirare! Solange der Mensch atmet, hofft er. Er erwartet sich das Bessere von der Zukunft.
Doch die Zukunft beginnt immer schon im Jetzt. Aus dem gegenwärtigen Moment hinaus fließt sie uns zu. Ist die Quelle rein und unverdorben, dann ist es der Fluss auch. Die Bibel kennt nicht nur die Verheißung einer besseren Zukunft: „Siehe, ich mache alles neu!" (Offb. 21,5) sondern auch den Rückverweis auf den gesunden Ursprung. Vom Paradies hieß es „Und Gott sah, dass alles sehr gut war" (Gen, 1,31). Vorgriff auf die Zukunft und Rückgriff auf die Vergangenheit zugleich. Das ist die wahre göttliche Bewegung und richtige Perspektive für uns Menschen. Und haben wir keine Angst vor etwa fehlendem göttlichen Humor und Kreativität. Ursprünglich schenkte Gott den Menschen einen paradiesischen Garten.

Bekanntlich lief dieses Projekt „Garten Eden“ schief und der Mensch antwortete, indem er sich nicht mehr ganz so paradiesische Großstädte baute. Doch Gott verwirft das irdisch unausgereift allzu Menschliche nicht, sondern er greift es auf und beginnt es zu erlösen und zu veredeln.
Und darum schreibt Johannes der Seher, „da sah ich, wie die göttliche Stadt Jerusalem vom Himmel herab sich auf die Erde herniedersenkte“ (vgl. Offb. 21,10). Welch eine grandiose Zukunftsperspektive! Welch Handeln Gottes! Das bedeutet auch für uns im Wiener Stadtteil Fünfhaus-Reindorf, dass wir mit Gottes Humor und durch seine große Gnade in „blühendes Land“ verwandelt werden.
Ein verlässlicher Kompass des Herzens sind diese Gedanken und Bilder Gottes für eine lichtvolle Zukunft, eben weil wir das „ zurück zur (paradiesischen) Natur!“ dabei nicht vergessen. Ich schlage dieses Doppel-Bild als Motto für unsere Pfarre für das Jahr 2014 vor.
Vertrauen wir Gott im Großen, im Kleinen, in den Familien und jeder für sich selbst ganz persönlich! Er will uns neu segnen, weil er uns liebt.

Geistliche Verjüngungskur für die Kirche

Gott hat durch den ersten lateinamerikanischen Papst Franziskus, den „Missionar der Freude“ wie er nun genannt wird, der katholischen Christenheit das Sendschreiben „Evangelii Gaudium“, zu Deutsch *„die Freude am Evangelium“* geschenkt. Es beinhaltet die leidenschaftlich gemalte Vision von einem jungen Gottesvolk, das ganz nah bei Christus ist und ganz nah bei den Armen. Es beschreibt den Traum von einer mutigen, pfingstlichen und missionarischen „Entscheidung, die fähig ist, ALLES zu verwandeln, damit die Gewohnheiten, die Stile, die Zeitpläne, der Sprachgebrauch und jede kirchliche Struktur ein Kanal werden, der mehr der Evangelisierung der heutigen Welt als der Selbstbewahrung dient.“ (vgl. Kap. 27). Gerade der europäischen Kirche legt er nahe „es ist gut, dass man in uns nicht so sehr Experten für apokalyptische Diagnosen sieht bzw. finstere Richter, die sich damit brüsten jede Gefahr und jede Verirrung aufzuspüren, sondern frohe Boten, die befreiende Lösungen vorschlagen und Hüter des Guten und der Schönheit sind.“ (vgl. Kap. 168). Diese Welt ist nicht nur materiell arm, sondern vielerorts durch die trostlose und oft egoistische Verweltlichung im Lebenssinn in der Hingabe und in der Liebe arm geworden. Doch Papst Franziskus ruft der Christenheit zu „brechen wir auf, gehen wir hinaus! ... mir ist eine verbeulte Kirche, die verletzt und beschmutzt ist, weil sie auf die Straßen hinausgegangen ist, lieber, als eine Kirche, die aufgrund ihrer Verschlossenheit und ihrer Bequemlichkeit, sich an die eigenen Sicherheiten zu klammern, krank ist.“ (vgl. Kap. 49).

In allem aber trägt uns, motiviert uns die Freude der Begegnung mit der Liebe Gottes, die zu einer glücklichen Freundschaft wird, über die Erlösung von der Sünde unserer Selbstbezogenheit und der Entdeckung des Sinnes unseres Lebens, die in der erfüllten Liebe und in der Hingabe an Gott und an den Nächsten besteht. (vgl. Kap. 8). Papst Franziskus lädt als ersten Schritt jeden von uns ein, Jesus Christus neu zu suchen bzw. sich von ihm finden zu lassen, der bereits mit offenen Armen, beschrieben als der barmherzige und in dem Wiedersehen beglückte Vater auf unser Kommen wartet, um ihm zu sagen: „Herr, ich habe mich täuschen lassen, auf tausenderlei Weise bin ich vor deiner Liebe geflohen, doch hier bin ich wieder, um meinen Bund mit dir zu erneuern. Ich brauche dich. Kaufe mich wieder frei, nimm mich noch einmal auf in deine erlösenden Arme.“ (vgl. Kap. 3).

Lassen wir uns inspirieren, mitnehmen von der Vitalität dieses ungewöhnlichen Papstes aus Lateinamerika, der für unser Christsein in Europa ein wahrhaft göttliches Verjüngungsgeschenk ist.

Kommt und seht!

Wir feiern 225 Jahre Reindorf! Unsere Pfarre ist als letzte der josephinischen Pfarrgründungen *die Mutterpfarre* des 15. Bezirks. Der

Kaiser selbst soll bei der Besichtigung des Baugrundes gesagt haben: **„An diesem Orte werden noch sehr viele Leute zusammenströmen.“** *Kommt und seht!* Das ist unsere Einladung zum Jubiläumsjahr, welches mit dem Pfarrball und der Festmesse am Sonntag, den 16. Februar eröffnet wurde. *Kommt und seht!* Diesem Ruf folgten viele Gäste: klein und groß, jung und junggeblieben. Als besondere Gäste begrüßten wir unter uns eine Schar junger Mädels aus Polen. Es waren Sängerinnen aus dem Chor Presto, die wir schon einmal in Reindorf zu Gast hatten. Die Voraussetzung für ihren Besuch war der ermutigende Ruf des polnischen Papstes, Johannes Paul II: **„Habt keine Angst! Kommt und öffnet die Türen und Tore für Christus.“** Als endlich die unselige Mauer in Berlin und damit der gesamte eiserne Vorhang fiel, rief dieser Papst von neuem aus: „Unser Europa braucht beide Lungenflügel um gesund durchzuatmen, den Ostflügel und den Westflügel.“ Unter dem Motto „Öffnet die Grenzen für Christus“ fuhren wir im Jahr 2012 zur Pfarrwallfahrt nach Osten, nach Krakau und Tschenstochau. Reich gesegnet und mit neuer Lebenskraft erfüllt, kamen wir nach Wien zurück. Denn der gemeinsame Glaube, die gemeinsame Hoffnung, unsere gemeinsame christliche Geschichte sind das, was uns in Europa verbindet und daraus resultiert auch die Hochschätzung der Gastfreundschaft für alle Menschen, die bei uns in Reindorf neue Heimat gefunden haben. Unsere geschichtlichen Wurzeln verbinden uns und so **wie jeder Baum werden wir von unseren Wurzeln getragen**. In der immer größer gewachsenen Pfarre Reindorf haben sehr viele Menschen Stabilität für ihr Leben gefunden, weil letztlich viele hier die tiefe Verbindung zu Gott erfahren haben. Diese feste Einwurzelung in unserem Herrn Jesus Christus verleiht uns Stabilität des Lebens in allen Frühjahrs- und Herbststürmen. Darüber hinaus, als **Extra-Bonus,** verleiht uns diese Einwurzelung im Evangelium des Herrn die Gabe, saftig-süße Früchte hervorzubringen. Denn Jesus sagt auch **„Ich bin der Weinstock und ihr seid die Rebzweige!“** (Joh.15,1ff) Was heißt das für uns? Zu Kaisers Zeiten sah man, wie hier im

Reintal, also letztlich in Reindorf Wein angebaut wurde. Als „R(h)ein“ bezeichnete man u.a. Weinbaugründe, die in Mulden oder Talsenken lagen. Unser Pfarrzentrum hat nicht zufällig die Adresse: **„Öl-Wein-Gasse“**. Heute wird der geistige „Wein“ angebaut in einem **„göttlichen Weingarten des Herrn“**. *„Kommt und seht!“* **Verkostet den köstlichen Wein unseres Jubiläumsjahres!** Und bringen wir unser Lob und unseren Dank dem Herrn! Es ist nicht unser Verdienst, sondern zuerst Gabe unseres Herrn, in dem wir fest verwachsen sind. Denn JESUS ist der Weinstock und wir die Rebzweige, die von ihm durchströmt und am Leben erhalten werden.
Dazu lädt Euch ganz herzlich ein!

Vom „Trauma“ zum Traum!

Ist Jesus lediglich im Herzen der Apostel in sogenannter „innerer Vision“ auferstanden, wie man heute gerne sagt? Und erst danach entdeckte man das leere Grab und erst anschließend fanden die Begegnungen mit dem Herrn statt?
Nein, ich denke, es ist genau umgekehrt. Die Apostelseelen waren extrem traumatisiert. Da war in ihren Seelen keine Basis für ein Bild von einem froh aus dem Grabe entschwebenden Herrn. Nein, so frisch waren die brutalen Eindrücke von Verrat, Folter, Blut, Schmerz und Kreuz, dass sie mit diesen seelischen Innenzuständen für die Wahrnehmung der faktischen Außenrealität des leeren Grabes und der folgenden Begegnungen nur bedingt offen waren. Das reichte gerade mal dazu aus, um an einen Leichenraub zu glauben.
Maria Magdalena, die den Herrn am tiefsten liebte, war in ihrer Seele am tiefsten verwundet. So tief, dass weder die erste Engelsbegegnung am frühen Morgen, noch die zweite am Vormittag ihr Herz verwandeln und ihren Verstand erleuchten konnte. Arme Frau! Nur Jesus selbst konnte sie aus ihren Herzenstraumata rausreißen, indem er sie *ganz persönlich* beim Namen rief. Die

äußeren Fakten der Auferstehung des Herrn drangen anfangs lediglich zu den Sinnesorganen der Zeugen vor. Wer aber von uns ganz persönlich von Gott beim Namen gerufen wird, dem geht das ins Herz! Der wird lebendig! Der wird fast so neu wie der Auferstehungsleib des Herrn.
Viele Wochen brauchten die Apostel, bis sich der „therapeutische Erfolg“ einstellte, dass sie endlich vom „Traumata“ zum Traum gelangten. Zu Pfingsten gelang dann der volle Durchbruch! Ab dann sprühten Petrus und alle anderen vor Mut, Leben und Klarheit. Was ist der Weg dahin? Gebet und nochmals Gebet! Gepaart mit Wahrhaftigkeit und Demut und das in aufrichtiger Gemeinschaft, dazu die Bibel in der Hand.
Ich begrüße es in unseren Tagen sehr, dass sich Jugendliche aus ganz unterschiedlichen Gruppen der Jüngergemeinschaft in der ganzen Gründonnerstags-Nacht in Reindorf zum gemeinsamen Gebet versammelten. Jung und Alt im Gebet vereint als Wächter des neuen Morgens. Eine Auferstehung braucht unser Land! Menschen brauchen bei uns diesen neuen Anfang, dieses Leben. Es braucht viele aufrichtige Beter! Es braucht ein neues Pfingsten!

Triumph zweier Herzen!

Das Kindermärchen Schneewittchen beginnt mit der ängstlichen Frage einer eifersüchtigen Königin, ob sie immer noch die Schönste im ganzen Land wäre. Schön sein zu wollen ist eine natürliche Herzensregung. Schöne Menschen wollen oft auch ihre Umgebung verschönern. Schönheit fällt wohltuend ins Auge. Jedes Kind versteht das. Manche, die es nicht schaffen durch Schönheit aufzufallen, greifen zum Mittel der Provokation. Hauptsache: das moderne Machwerk wird Medienthema! In der Weltkunstszene ist Wien leider nicht nur für die Schönheit der Stadt an sich bekannt, sondern auch für gewisse traditionelle Nischen, wo solche unappetitlichen Werke à la Nitsch zusammengemanscht werden. Unverständlich ist, dass

solche „Fäkalienkompositionen“ mit vielen Millionen Euro gefördert werden. Inzwischen muss sich der Künstler Nitsch wegen unsauberer Finanzgebahrung vor Gericht verantworten. Woher kommt dieser Werteverfall?
Jesus sagt, es würde eine Zeit kommen, wo die Gesetzlosigkeit, die Schamlosigkeit so sehr überhandnimmt, dass die Liebe bei vielen erkalten wird (vgl. Mt 24,12). In der Befürchtung, ganz alleine dazustehen, schwimmen leider viele mit dem Strom mit. Kennt die Liebe Angst? Die Propheten im Alten Testament sagen, die Ehrfurcht vor Gott (die Hochachtung vor dem Heiligen) sei der Anfang der Weisheit (Ps 111,10). Jesus sagt auch, „wer reinen (keuschen) Herzens ist, der darf Gott sehen“ (Mt 5,8) und Gott sehen zu dürfen ist der Himmel (vgl. Joh 17,3). Und der Himmel ist die pure Schönheit! Nie aufhörende Faszination! Das ehrfürchtige Staunen, die Liebe und die Schönheit und Gott sind eins. Das wusste schon Platon. Weiß das auch unsere Zeit?
Die Seher-Kinder in Medjugorje fragen Maria: „Warum bist du so schön?“, und sie gibt zur Antwort: „Weil ich liebe!“ „Lieben denn alle im Himmel einander?“, wollen die Seher-Kinder wissen. „Ja, alle lieben einander“ und „im Himmel strahlen alle Menschen eine innere Schönheit aus, einfach so. Wegen der Liebe, wegen Gott.“ – „Aber was ist mit dieser Erde, wo es so viel Schmerz, Leid, Lieblosigkeit und Hässlichkeit gibt? Sogar das Schöne und Heilige, dein Herz wird verunstaltet!“ „Ja ich weiß, aber seht zu, dass ihr immer auf der Seite der Liebe steht, nicht auf der Seite des Hasses!“, sagt Maria. „Seht zu, dass ihr euch vor dem schützt, was ätzend ist und das verletzliche Herz zerfressen will! Schützt euch mit einer Super-Doppelimprägnierung! Weiht euch dem Herzen Jesu und meinem unbefleckten Herzen und kein saurer Regen wird euch schaden! Alle Verwundungen kommen durch die Kraft und den Geist Jesu und seinen stellvertretend erlittenen Schmerz zur Heilung!“ So in etwa sprach und spricht Maria in vielen Botschaften weltweit.

Ich möchte nun alle dazu einladen, dass wir uns im Monat Juni dem Herzen Jesu und dem Herzen Mariens weihen. Wenn wir uns dem Schutz der Herzen Jesu und Mariens weihen, werden wir auch Botschafter dieser Schönheit und Liebe in der Welt sein. Und vergessen wir nicht, die Verheißung gilt: Am Ende aller Nöte werden die vereinten Herzen Jesu und Mariens über alles triumphieren. Eine neue Zeit der Schönheit und der Liebe wird in der Welt anbrechen.

Wirklich glückliche Menschen

Was Menschen wirklich glücklich macht, ist nicht ein Traumhaus oder eine Luxusreise oder ein neues Auto. Bei einer Umfrage in Europa und Amerika von Reader Digest sagten 71% der Befragten, dass sie ihr Glück vor allem in der Familie finden. Dass die Arbeit glücklich mache, glauben dagegen 8% der Deutschen und sogar nur 2% der Amerikaner. Welch eine Bestätigung für den Urlaub und eine Sommerpause mit Familie oder Freunden. Österreich hat um den Wert der Familie und die mit ihr gemeinsam verbrachte Zeit schon immer gewusst. Die meisten unserer Mütter und auch Väter nutzen oder beanspruchen z.B. die maximal mögliche Karenzzeit, um bei ihren kleinen Kindern zu bleiben um ihnen so die nötige Nestwärme zu vermitteln. Da sind wir in Europa Spitzenklasse.
Denn die Vater- und Mutterrolle ist keineswegs hoffnungslos veraltet, wie auch Kardinal Schönborn kürzlich gegenüber den Auswüchsen der Gender-Ideologie betonte, „wir müssen nicht allen Nonsens mitmachen, den Brüssel uns empfiehlt und statt von ‚Vater und Mutter' nun in den Dokumenten von ‚Elter 1' und ‚Elter 2' reden." Es wird kein Kind geben, dass zur Mutter zukünftig „Elter 1" statt Mama sagt oder zum Vatertag (heuer war es Pfingsten) dem Papa zum „Elter 2"-Tag herzlich gratuliert. Bleibt zu hoffen, dass der Papa nicht wegen Diskriminierung klagt, weil er sich als „Elter 1" empfindet und die Mama ihm mit „Elter 2" seinem Gefühl nach nachgeordnet gehört. Der Wert einer stabilen Familie liegt bei der österreichischen Jugend

immer noch hoch im Kurs. Sie weiß, dass die Familie in wirtschaftlichen oder sonst wie schwierigen Zeiten nach wie vor für sie ein wichtiges Auffangnetz bildet.
Warum erleben sich Menschen in der Familie als ausgesprochen glücklich? Das beantwortet der Psychologe Ed Diener (USA): „Wirklich glückliche Menschen pflegen enge Beziehungen. Sie haben Leute um sich, auf die sie sich uneingeschränkt verlassen können. Forschungsergebnisse zeigen, dass die glücklichsten Menschen mehr an andere denken als an sich selbst."
Jesus selbst sagte im Johannesevangelium: *„Bleibt in meiner Liebe! Habt Liebe untereinander! Und Freude (Lebensglück) ohne Ende ist euch gewiss!"* (vgl. Joh 15,9–12).

An was du glaubst

Du glaubst nur an den Teil der Bibel, den du tust! Oder: Wovon das Herz voll ist, davon läuft der Mund über. Oder noch anders: Wovon du zu 100% überzeugt bist, das packst du an.
Es war sehr ermutigend, dass 12.000 beherzte Christen im diesjährigen Herbst einen „Marsch für Jesus" in Wien durchgeführt haben. Viele junge Reindorfer waren dabei. Unser Wiener Kardinal und evangelische Würdenträger ermutigten die Teilnehmer mit ökumenischen Grußbotschaften. Weil viele davon überzeugt sind, dass in Europa die Christen nicht nur still zusammenhalten, sondern öffentlich zur Ehre Gottes beten und singen sollten, sind sie auf die Straße gegangen. Wir glauben, dass die Freiheit, die Liebe, die Freude Gottes und sein Evangelium zusammengehören und auf diese Weise unser Land, unsere Gesellschaft geschützt und gesegnet bleibt.
Unser Pfarrgemeinderat traf sich am selben Tag zur Jahresklausur. Wir überlegten: Was motiviert dich in Reindorf mitzuarbeiten und mitzuplanen? Dankbar schaue ich auf alle sich intensiv einbringenden

Brüder und Schwestern und besonders auf die, die noch dazu andere zu motivieren und mitzureißen. Andererseits muss man stets aufpassen, dass niemand über seine Grenze und Arbeitskapazität hinaus arbeitet. Wir haben uns die Frage gestellt, was uns motiviert, was den inneren Motor zum Laufen bringt und uns in Bewegung setzt. Wir haben herausgefunden, dass die absolute Spitzen-Motivationsspritze in folgender Einschätzung liegt: *„Ich habe primär einfach Freude an der Gemeinschaft. Ob Feiern oder Arbeiten, wir sind ein Herz und eine Seele. Und das tut mir gut."*

Nachgereiht und gleich stark wurden folgende Motivationsspritzen genannt:

„Ich habe erlebt (und gespürt), wie Gott mich beim Namen gerufen hat. Ich bin gemeint und Gott will mich für sein Reich gebrauchen." und *„Reindorf soll blühendes Land werden. Das ist meine Vision, das ist mein Ziel. Das Volk Israel hatte auch eine Vision gehabt von dem Land Kanaan, wo Milch und Honig fließt. Dahin bin ich unterwegs."*

Auf dem 3. Platz landete diese Motivationsspritze: *„Ich habe so tolle Dinge mit Gott erlebt (mit Jesus, Maria, Heiligen Geist). Ich kann unmöglich schweigen oder passiv sein. Darum will ich mich einfach einbringen."*

Wie geht es Ihnen beim Lesen dieser Bekenntnisse? Lange Zeit war man in der Gesellschaft der Meinung, wer in die katholische Kirche gehe, tue dies primär aus Gewohnheit und wegen des äußeren Drucks. Doch unsere statistische Erhebung (die nicht den Anspruch auf Wissenschaftlichkeit erheben will) zeigt, dass die innere Erfahrung, die eigene Herzenssehnsucht und die starke Glaubensüberzeugung der Motor ist, von dem das neue Gottesvolk in dieser neuen Zeit bewegt wird, zumindest in der Pfarre Reindorf.

Wir glauben nur den Teil der Bibel, den wir auch tun. „Zeige mir deinen Glauben ohne die Werke, ich aber zeige dir meinen Glauben aufgrund der Werke", sagte schon der heilige Apostel Jakobus. (Jak. 2,18) Mit anderen Worten: Neue Helfer und Mitwirkende werden

aufgrund des Glaubens immer wieder an die Pfarrtüre klopfen, weil sie sich gedrängt fühlen, ihre Herzensüberzeugung auszuleben.
Mit einem ermutigenden: „Ja, Grüß Gott! Herzlich Willkommen hier in der Pfarre Reindorf, fühlen Sie sich wohl, bringen Sie sich ein!“ wird darauf der Pfarrgemeinderat und werden, wie ich hoffe, viele andere antworten. Mit diesem Willkommensgruß heiße ich als Pfarrer jeden Einzelnen willkommen, der gerade in dieser Zeit unserer Jubiläumsfeierlichkeiten zu uns hinzugestoßen ist.

Beim Geheimnis ankommen

Immer früher beginnt die Weihnachtszeit. Eben haben wir noch Erntedank und Heurigen gefeiert und nun beginnt schon der Weihnachtstrubel. Sich auf Weihnachten einzulassen, seinen Frieden zu erfahren ist eine Sache, die immer größerer Sorgfalt bedarf. Zuerst kommt der Krampus, dann der Nikolo und dann beginnen wir nach originellen Geschenkideen zu suchen. Das Problem ist, dass uns das Besorgen und Austauschen der Geschenke gar nicht so recht glücklich machen will. Es versetzt uns eher in Stress. Die Geschenke sollen Symbol des göttlichen Friedens und der Einmaligkeit dieser Nacht sein und doch fällt es uns jedes Jahr schwerer, in diesen Frieden einzusteigen. Wer begreift Weihnachten? Wer hilft uns, in unserer Zeit in das Geheimnis dieser Nacht einzudringen?
Etwa die Wirtschaftsprofis, die nach dem Weihnachts-Millionenumsatz schauen, aber draußen vor der Stadt das neugeborene Kind übersehen, das nicht einmal ein eigenes Bettchen hat?
Oder vielleicht die vielen Kulturverantwortlichen, die sich um lautstarke Feiertagsmusik in den Einkaufstempeln sorgen, aber immer weniger mit der gehaltvollen Stille des feierlichen Geschehens auf den Hirtenfeldern und dem leisen Kuscheln der Schafe anfangen können?
Oder die „Leute von Welt“, die sich mühen die Menschheit zu noch mehr Toleranz zu bewegen und dabei vergessen, dass wir zum

Frieden und Glücklich-Sein eigentlich viel mehr bräuchten, nämlich diese grenzenlose Liebe, die von diesem kleinen Kind ausgeht?
Die Menschheit strengt sich an, das Weihnachtsgeschehen von den Hirtenfeldern in all ihre Ortschaften zu importieren, doch schaffen wir es dabei auch das göttliche Geheimnis mit (ins eigene Herz) zu transferieren?
Moderne „Weihnachtsmänner" (made by Coca Cola) versuchen das Feeling von Maria und Josef in das moderne Lebensgefühl zu übersetzen, doch ist es wirklich das, was wir heute suchen und uns zum glücklich sein noch fehlt?
Wie können wir uns Weihnachten zurückerobern? Wie können wir verhindern, dass bei all dem Trubel sich das Geheimnis von Betlehem verflüchtigt wie eine Wolke im Wind? Wir versuchen mit unseren Weihnachtskarten, mit unseren Krippen uns dem Urbild von Betlehem anzunähern. Wir versuchen durch unsere Adventskonzerte die wohlklingenden Harmonien des Himmels und seinen einzigartigen Frieden hier zu vergegenwärtigen. Wir wollen durch alle Schatten zum eigentlichen Licht durchdringen und das still strahlende Geheimnis von allen Überwucherungen freilegen. Weihnachten von Nebensächlichem freizulegen ist, glaube ich, genau die Wegbewältigung des Advents um zur Besinnung und so bei sich selbst anzukommen. Zunächst einfach auf das eigene Herz hören. Wenn wir durch all das Gerümpel von tausend Sorgen und Gedanken dann ganz bei uns selbst angelangt sind, können wir uns auch aufmachen, ganz bei den Herzen von Maria und Josef und dem Jesuskind zu sein.
Wo immer Menschenherzen neu zueinander finden, haben sie auch das Herz von Weihnachten neu gefunden, dann sind sie im Geheimnis dieser Nacht angekommen. Diese heilige Nacht offenbart uns das Herz eines himmlischen Vaters, der in diesem kleinen Kind unserer zerrissenen und zerschundenen Welt ganz nahe sein will. Dieses ist der eigentliche Ort des Geschenkes der Liebe, die Gott für einen jeden von uns auch in dieser Weihnachtsnacht neu bereithält.

Jahr 2015

Das Umdenken der Weisen

Die berühmten, Gott suchenden Männer nahmen es als eine Selbstverständlichkeit hin, dass der neue König von Israel im Jerusalemer Burgpalast zur Welt kommen müsse. Denn schließlich heißt es von Jerusalem, dass dort aller Reichtum der Völker zusammenfließen werde und die Erkenntnis und Weisheit Gottes dort ihre Wohnstätte haben werden. Wo sonst als in Jerusalem müsste also der Messias geboren werden, Weihnachten erlebbar sein. Doch wie überrascht waren die Weisen, als sie zwar Hinweise auf den neuen König, nicht aber ihn selbst in der Burg Zion fanden. Und wenn ihnen nicht der wegweisende Stern von neuem aufgeleuchtet wäre, hätten sie sich nur schwerlich auf einen neuen Weg, auf neue Überlegungen eingelassen, dass nämlich der Sohn Gottes ganz woanders zu finden sei. Gott ist eben ganz anders, als die Welt denkt. Er handelt anders. Er denkt anders. Er knüpft einfach nicht an das Machtgefüge und die sogenannte Weisheit dieser Welt an. Er benutzt nicht die Macht des menschlichen Wissens um damit weiter zu planen. Die weisen Männer mussten gründlich umdenken und umlernen. Sie wurden zu einem armen Kind in der Krippe zu Bethlehem auf den Hirtenfeldern geführt. Und genau dadurch wurde ihnen ein dramatischer Neuanfang geschenkt. Ein Staunen und tiefes Erkennen über das unschuldige göttliche Geheimnis erfasste sie, sodass nicht nur ihr Denken, sondern auch ihr Herz verwandelt wurde und eine große Freude sie erfüllte.

Im neuen Jahr suchen wir nach guten Vorsätzen, nach neuen Konzepten für unsere Welt im Kleinen und für die Welt im Großen. Doch zu finden sind sie nicht in der Verlängerung der religiösen und wirtschaftlichen Ideen und auch nicht in den Konzepten solch

bedeutender Städte wie Jerusalem und eines Königs Herodes mit dem Hohenpriester Hannas und Kajaphas darin, sondern bei dem kleinen unscheinbaren König, der so ganz anders ist. Aber genau an diesem scheinbar allzu armseligen Ort in der Krippe sind die Demut, die Wahrhaftigkeit und die Liebe und damit der Reichtum Gottes zu Hause. Hier strahlen ein Licht sowie eine Glückseligkeit auf, welches die Welt bisher nicht kannte. Wer dieses einfache und doch göttliche Kind in den Armen hält, muss (und darf) ganz einfach, ganz echt werden. Titel und Macht haben vor diesem Kind keinerlei Bedeutung. Alle Menschen sind vor ihm gleich und es zählt nur das (mein und dein) Herz. Und solchermaßen findet jedes Jahr (und jeden Tag) der wahre Neuanfang statt. Hier leuchtet die göttliche Liebe auf und verbreitet sich in dieser Welt.
So wünsche ich einem jeden von uns das arme und doch königliche Licht von Bethlehem, das Licht vom göttlichen Wunder im eigenen Herzen neu aufleuchten zu lassen. Am Vorabend zum vierten Advent durften unsere Jungscharkinder, Jugendliche und Erwachsene genau das erleben als sie vom Weihnachtsgeheimnis am Westbahnhof sangen und einige als kleine Engel verkleidet das Evangelium an viele hunderte Passanten verschenkten.
Ich wünsche unseren Kindern dieselbe Freude und reichen Segen, wenn sie als Heilige Drei Könige dieses Licht Gottes in die Häuser zu den Menschen unserer Pfarre bringen.

Sich mit dem Himmel verbinden

Asche ist auch etwas Gutes. Sie bremst bei Glatteis auf den Straßen, bei Rutsch- und Unfallgefahr. Die Älteren unter uns haben sie damals noch auf die Gehwege gestreut. *„In der Fastenzeit möge dieses Aschenkreuz auf deiner Stirn dich vor allen überstürzenden, gefährlichen, glitschigen Gedanken beschützen. Amen!“* Das ist ein Gebetsmedikament aus der Gnadenapotheke Gottes für Schlechtwetterperioden. Mit Asche reinigte man früher auch Gefäße.

Sogar Pferde und andere Tiere wälzen sich gerne im Schlamm oder feinen Staub, um so Läuse und andere Parasiten loszuwerden. Mit dem eingetrockneten Schlamm, den sie dann abschütteln, fallen auch viele blutsaugende Parasiten ab. „Jesus schenke allen, die von lebenssaftraubenden Parasiten der Sünden gequält werden, ein besonders wirksames, dickes Entzugsaschenkreuz. Amen!" Diese Fastenzeit möge uns von allem Sünden- und Süchte-Ballast entschlacken! Runter mit den Kilos, die die Beweglichkeit des Geistes einschränken wollen. Auch ein Schiffskapitän wirft bei Unwetter überflüssigen Ballast über Bord. Nun geht´s leichter voran. Die Muttergottes ermutigt uns in ihren Botschaften, Fernseh- und andere Programme auszuschalten und das Programm Gottes einzuschalten. In der Jänner-Botschaft spricht sie von schädlichen Winden des Unfriedens und des Hasses, der Finsternis, die sich über unsere Welt verbreiten und sie verriet uns schon früher: *Wer sich zu viel mit Finsternis und Katastrophen beschäftigt, lässt letztlich die Finsternis in sein Herz hinein.* Fastenzeit heißt Abwenden von dieser Finsternis und Hinwenden ins Licht, in die Sonne. Derjenige, der zum Licht umkehrt, kann seinen Schatten hinter sich lassen, wird den Schatten der Sünde los. Und dieses Gratisevangelium Gottes ist viel gesünder, als die Schreckensbotschaften in Gratiszeitungen und auf diversen Internetseiten. Die Evangelien verbinden uns mit dem Himmel und mit dem Licht und mit Jesus, weil Jesus sich selbst als das Licht der Welt bezeichnet hat. Wer sich in der Natur von der angenehm warmen Frühlingssonne bescheinen lässt, wird gesund und es ist noch gesünder, sein Herz von der Liebe Jesus bestrahlen zu lassen. Sich mit dem Himmel zu verbinden heißt, lieben statt zu hassen, heißt zu vertrauen statt zu misstrauen, heißt im Gebet Gott zu schauen statt Bildschirme anzustarren. Die Muttergottes sagte: *„Betet mit dem Herzen bis das Gebet euch zur Freude wird!"* Jeder, der hier mitmacht und diesem Ruf folgt, spannt eine Ankerkette der Gottesverbundenheit vom Himmel zur Erde. Multiplikatoren der Hoffnung auf einen neuen Morgen für diese Welt sind gesucht. Und dieser Vorausblick auf das neue Morgen des Osterfestes, das da kommen wird, ist zugleich ein Anknüpfen auf den jetzt schon verherrlichten Jesus, der damals als der Auferstandene so vielen neues Leben vermittelt hat.

Maria, das Fasten und die Liebe

Keiner hatte es geplant. Es stand nicht auf der Agenda von diözesanen Pastoralkonzepten und plötzlich erscheint einfach die Muttergottes. Und Kardinal Schönborn fügte betreffs Medjugorje hinzu: „Wie überall ist auch hier die himmlische, mütterliche Grammatik **Marias** gut erkennbar.“
Millionen sind zu den vielen auf der Welt verstreuten Marienwallfahrtsorten aufgebrochen. Viele aus Neugier oder um einfach mitreden zu können. „Auch ich bin in Medjugorje gewesen und habe mich vom Himmel berühren lassen.“ Doch oft suchen wir Gott nur, wenn wir in Schwierigkeiten stecken, Nöte und Anliegen haben. Sehr oft geht Gott darauf ein, doch er will mehr, nämlich, dass wir **die Liebe,** die von ihm kommt, entdecken. Wir sind wie Kinder, die nicht nur die alltäglichen Dinge von den Eltern brauchen, sondern vor allem die Liebe der Eltern. Und die Eltern brauchen auch die Liebe der Kinder. So braucht gewissermaßen Gott auch unsere Liebe. Unser Problem ist der Zeitmangel zum Beten und unser Mangel an Willen für **das Fasten**. Wenn wir aber unser eigentliches Ziel, nämlich die **Liebe zu Gott**, erreicht haben, dann löst sich das Problem des Zeitmangels von selbst auf.
Ein Atheist wird kaum täglich den Rosenkranz beten und sicher nicht Sonntag für Sonntag zur Messe gehen. Wir können genauso sicher sagen, dass viele Katholiken heutzutage nicht den Rosenkranz beten oder zur Sonntagsmesse gehen. Faktisch besteht hier kein sichtbarer Unterschied. Aber wenn ein Katholik oder sogar der Atheist die **Liebe Gottes erfahren** hat, dann wird er mit dem Herzen gläubig und diese Probleme sind gelöst. Die gegenseitige Liebe löst fast alle Probleme.

Wann wird die Muttergottes aufhören, sich in ihren Botschaften so oft zu wiederholen? Sicher erst dann, wenn sehr viele ihren Aufforderungen nachgekommen sind und sie mit dem Herzen leben. Wir sind zarten bunten Blumen ähnlich, die immer wieder ein paar Tropfen Wasser brauchen. So braucht unser Herz die Bewässerung mit dem Gebet, mit dem Worte Gottes und die Nahrung aus den Sakramenten. Mögen wir in dieser Fastenzeit und Frühjahrszeit wie viele kleine Blumen sein, die von der Liebe Gottes und dem Wirken Mariens neu aufblühen!

Die Freude des Wiederfindens

Die ersten Erinnerungen vom Osterfest sind für die meisten von uns wohl weder großartig fromm noch theologisch tief. Vielmehr sehen wir uns Großteils als damaliges kleines glückliches Kind, welches triumphierend, gefundene Ostereier oder Hasen oder ähnliche Dinge in den Händen hält, die ja so gut versteckt waren. Und je voller die Hände, umso glücklicher strahlen die Kinderaugen noch heute. Es macht Spaß, Verstecktes im Gras aufzustöbern. Man ist gespannt, hinter welchem Busch das begehrte Objekt liegt.
Selbst Gott hatte vor Urzeiten schon die Leidenschaft gespürt, den versteckten Adam samt seiner Eva hinter dem Busch im Paradies aufzustöbern (Gen 3,8-10). Tausende Jahre später hatten sich erneut aus Angst einige Männer in sicheren Kammern versteckt. Und wiederrum erwachte Gottes heilige Leidenschaft (und Spaß?), sie in ihren Verstecken aufzustöbern. Es kam ihm sicher nicht darauf an, ihnen einen heiligen Schrecken einjagen zu wollen, sondern umgekehrt wollte er diese verschreckten Burschen, die sich in Jerusalem und im Umkreis verstreut hatten, wieder zusammen sammeln und ihnen Mut machen. Denn die schwere seelische Bedrückung vom Gründonnerstag und die tiefen Existenzängste vom Karfreitag lösen sich erst dann auf, wenn Gott selbst die Initiative ergreift und mit seinen Suchscheinwerfern die glaubens- und

hoffnungslosen Jünger sucht und wieder einsammelt und ihnen den Sinn des bis dahin unbegreiflichen Desasters immer mehr aufhellt. Natürlich mit Hilfe des Wortes Gottes – nicht mit Menschenworten allein. Natürlich mit Hilfe der göttlichen Liturgie und der heiligen Sakramente – nicht mit menschlichen Symbolhandlungen allein. Darum gingen und gehen nicht nur den „berühmten" Jüngern von Emmaus bei der Eucharistiefeier die Augen auf. Darum eilten nicht nur sie zu der großen Gemeinschaft der Jünger in die Hauptstadt zurück.

Wenn Gott interveniert, beginnen auch wir heute den Sinn des Ganzen zu verstehen. Da lassen sich auch heute unzählige Menschen wieder finden und sammeln. Es beginnt in uns etwas freudig zu jubilieren beginnt, wenn wir die Erfahrung des Gefunden- und Erkannt-Werdens machen. Dieses Erscheinen des überirdisch Auferstandenen ist die atypische Intervention Gottes in dieser Welt, mit der niemand (außer der Jungfrau Maria) gerechnet hat und mit der auch wir heute noch viel zu wenig rechnen. Und unsererseits bewirkt dieses geistige Schauen, dieses gläubige Wahrnehmen des Herrn in uns dieselbe Freude, die die zwölf Apostel oder später die 500 Brüder auf einmal hatten. Sie bewirkt, dass die gesamte Gemeinschaft wieder zusammenfindet und darüber hinaus noch anwächst. Die Osterfreude will weitergegeben werden.

Darum wollen wir zu Ostern wieder nach der heiligen Liturgie bunte Ostereier an den Kirchentüren weiterverschenken. Groß und Klein mögen immer mehr die Erfahrung einer wachsenden oder wiedergefundenen Gemeinschaft geschenkt bekommen.

Selig, die reinen Herzens sind

Die Pfarre Reindorf erlebt gerade einen Boom an Taufen von Babies und Kleinkindern. Es ist so schön in diese klaren Kinderaugen zu blicken. Jesus verrät uns, woher dieses Leuchten in den Augen kommt: die Schutzengel dieser Kinder stehen direkt vor Gottes Thron (Mt.18,10), das heißt an der Quelle und im Zentrum von Heiligkeit und Reinheit. Möge diese Reinheit so gut wie möglich geschützt sein, denn nur wir Erwachsenen haben die Fähigkeit, uns mit giftigen, kranken oder mit schmutzigen Substanzen kritisch und bewusst auseinanderzusetzen. Die Kinder können die Konfrontation mit zweifelhaften Inhalten nur erleiden.

Die Publizistin und Historikerin, Gudula Walterskirchen warnt in der Ausgabe vom 19. April 2015 in der Rubrik „Quergeschrieben" in „Die Presse" vor dem neuen Erlass zum Sexualkundeunterricht, den unsere Kindergartenkinder und Schüler einfach nur erleiden müssen. Bisher stand die Schule den Eltern nur begleitend zur Seite. Jetzt wird ihnen die Verantwortung über die Sexualerziehung einfach aus der Hand genommen. Bisher wurde die Geschlechtlichkeit im natürlichen Zusammenhang mit Familie und Liebe genannt. Nun kommen diese Werte gar nicht mehr vor. Abgelöst werden sie von den „modernen Werten" der „Lust" und des „Genusses" und somit wird das Geschenk der Sexualität nur auf eine zu konsumierende Ware reduziert. Kinder sollen dazu Körperkompetenz erlernen, indem sie im Rahmen des Unterrichts ihren eigenen Körper erkunden. In diesem Zusammenhang können sie sich auch mit Pornografie und Sexting (das Verschicken erotischer Fotos per Handy) beschäftigen. „Pornoschauen in der Schule?" so die abschließend rhetorische Frage der Autorin.

Mir selber ist vom Evangelium her wichtig, dass Jesus uns zuruft, nicht nur *die Reinheit des Herzens* zu bewahren, sondern dass er, egal für welche Lebensform man sich entschieden hat, ein Leben lang die Tugenden der *Treue*, der *Versöhnungsbereitschaft,* des sich gegenseitigen *Aufbauens* und der Freude des *Füreinander-Geschenkseins* sehr wichtig ist. Kurz gesagt: durch alle Krisen hindurch sind wir eingeladen, uns Reifungsprozessen zu unserer Charakterbildung auszusetzen. In erlittenen Lebensstürmen bietet uns Jesus neue Schutzimprägnierungen, nicht nur für die zarten Herzen

der Kinder, sondern auch für verletzte Herzen der Erwachsenen an. So wie schmutzige Wasser in Kläranlagen wieder aufbereitet werden, so hat Jesus den Schmutz und Schmerz der Sünde am Kreuz auf sich genommen und uns dadurch nicht nur das reinigende Bad der Taufe geschenkt, sondern auch das Sakrament der Heilung und Versöhnung und der Krankensalbung.
Selig die wieder neu reinen Herzens sind, denn sie werden Gott schauen und ihn erkennen. Und das Erkennen Gottes ist nichts Geringeres als die Herrlichkeit des ewigen Lebens (Joh. 17,3). Diese Perspektive des Heiles begann mit dem Ja-Wort des unbefleckten Herzens Mariens. Gerade der Monat Mai lädt mit seinen Andachten jeden ein, sich ihrem Herzen und Schutz neu anzuvertrauen.

Pfingsten geht weiter

Wenn eine Marmelade schwer identifizierbar ist, bekommt sie von den Leuten die unterschiedlichsten Etiketten aufgeklebt. Der Heilige Geist ist sicher keine Konfitüre, die wir einfach so verkosten können, aber wir entdecken, dass er (ähnlich wie sie) mit den unterschiedlichsten, sogar gegensätzlichen Bezeichnungen leben muss, die wir ihm beimessen. Die einen meinen, er sei lebendiges Wasser. Die anderen sagen, nein, er ist pures Feuer. Denn zu Pfingsten ist ihnen ganz heiß geworden, als die leuchtenden Zungen auf sie herabkamen. Wieder andere sagen, mir wird nicht heiß, sondern angenehm warm. Wenn er kommt spüre ich tiefen Frieden, wie man ihn nirgend wo und „nirgend wann“ sonst erleben kann. Nun meldet sich die nächste Gruppe. Sie sagen, wenn der Heilige Geist kommt, macht er einen richtig unruhig. Er weckt einen auf. Es ist, als wenn man in der Brust einen Motor mit 100 PS einoperiert bekommt, der einen antreibt aktiv zu werden, damit neues Leben um einen herum aufbricht, damit die Welt in seinem Sinne umgestaltet wird.
Wer ist der Heilige Geist nun wirklich?

Begreifen werden wir IHN in alle Ewigkeit nie ganz können, weil er selbst Gott, und damit unendlicher als irgendein Unendlichkeitsbegriff ist. Er hat immer ein überraschendes „Mehr“ an Eigenschaften und ein unvorhergesehenes „Neu“ an Wirkungsweisen. Und genau darum geht Pfingsten nach Pfingst- und Dreifaltigkeitssonntag eben weiter. Töricht wäre der, der sagt, dass er sich eh mit Gott und Kirche auskennt und keine Erwartungshaltung mehr an den Tag legen würde. Die Vielfältigkeit von Gottes wunderschöner Schöpfung ist nur ein Abbild der Vielseitigkeit und der Überraschungen, die der Heilige Geist für uns Menschen bereithält. Weise ist der, der für Überraschungen offen ist. Ich lade ein, weiterhin die Pfingstsequenz von „veni creator spiritus“ (siehe Seite 3) als Hymnus zu beten und sich zu fragen, was der Heilige Geist einem persönlich aus diesem 10strophigen Menü anbieten will. Womit will der Heilige Geist mich, andere und die ganze Kirche beschenken?
Um das herauszufinden, braucht es sicherlich mehr Zeit und Ruhe, als man sonst in Gaststätten aufwendet, um die Speisekarte zu studieren. Nehmen wir uns Zeit zur Betrachtung und zum Gebet.
Komm und bleibe bei uns, Heiliger Geist!

Das eine Notwendige

Jesus machte Pause. Er kehrte gern ein im Haus der Stille in Bethanien bei seinen Freunden, um sich zu regenerieren. Martha ist im Haus überaktiv. Wenn ihre Schwester Maria Jesus allein in der guten Stube zurückgelassen hätte, um Martha in ihrer Geschäftigkeit zu helfen, wäre Jesu EIGENTLICHER HUNGER nicht gestillt worden. Jesus erklärt seinen Freunden: „Meine Speise ist es, dass ich den Willen des Vaters vollbringe.“ (Joh 4,34) Und an anderer Stelle (vgl. Joh 17,4,6,26): „Vater ich habe deinen Willen vollbracht, indem ich all meinen Freunden deinen Namen (dein Wesen) geoffenbart habe und ich werde es weiterhin tun, damit meine Liebe in ihnen sei, das heißt das göttliche Leben, und sie in uns verbunden sind.“ Genau das ist

Jesu göttliche Nahrung, die seinen Hunger im eigentlichen stillt und darum ist es notwendig, dass Maria zu seinen Füßen sitzen bleibt. Wo sitzen wir? Zu Füßen Jesu oder einfach in der Schöpfung Gottes, des Vaters? Im Umher-Rennen kann man sehr schlecht essen! Das Fast Food, das man in den Öffis von Wien beobachten kann, ist sicher keine Lösung. Es ist notwendig, sich hinzusetzen, abzuschalten, das volle Hirn mit seinen tausend Gedankenketten und –knäuel zu entleeren, zu sitzen und in die Weite der Schöpfung Gottes zu schauen. Hinter dem Horizont das Geheimnis Gottes erahnen und sehen lernen. Oder mit dem kleinen Kind über das Gänseblümchen auf der Wiese zu staunen. Und vielleicht entdeckt jemand sogar in der Wiese ein aufgeblühtes Himmelsschlüsselchen. Gottes Welt in unserer Welt irgendwie aufschließen zu können, im Herzen EIN-FACH Urlaub machen.

Ohne Bibel keine Barmherzigkeit

Es ist ein (ehemaliger) Nichtchrist, der auf diesen Zusammenhang verweist. Es ist der Inder und Philosoph Vishal Mangalwadi, der ohne Umschweife uns Europäern die Bibel in unsere Mitte stellt und uns versichert: Er hat irgendwann begriffen, *die Bibel ist das Herzstück der westlichen Kultur*. Vergleiche den Untertitel seines neuen Buches („Das Buch der Mitte“, siehe Buch-Tipp S. 3). Warum konnte Europa diese Pionierrolle im Voranschreiten der menschlichen Zivilisation einnehmen? Seine Antwort: Weil Europa in den Geschichten der Bibel die Fähigkeit und den Aufruf zur Unterscheidung der Geister zur Verfügung gestellt bekam. Weil die biblischen Propheten den Großen unseres Kontinents eine Anleitung zur Selbstkritik lieferten, die sie anhielt, mehr auf die Macht des Wortes zu vertrauen als auf die Macht des Schwertes. Denn nur das erweckte Gewissen bringt die Kultur voran! Die Bibel ist sogar der Grund für den westlichen Erfolg in der Forschung, sagt der indische Philosoph. Denn sie fordert nicht von uns, den Verstand zu entleeren und Träume und Tänze zu suchen,

sondern letztlich sind forschende Naturwissenschaft und aller Erfindergeist angewandte Theologie. Die Bibel sagt nämlich: *„Es ist Gottes Ehre, eine Sache zu verbergen; aber der Könige Ehre ist es, eine Sache zu erforschen."* (Sprüche 25,2).
Wir wissen, dass die Mitte der Bibel eine Person ist, die sich als die Fülle des Lichtes und die Wahrheit selbst bezeichnet hat. Jesus repräsentiert den Vater und er sagt von sich selbst, dass er nicht gekommen ist zu kritisieren und zu verurteilen, sondern um aufzurichten, zu retten und einen Neuanfang zu schenken (vgl Joh. 3,17 und Offb. 21,5). Darum darf der verlorene und heimgekehrte Sohn in den Armen seines Vaters dieses Erlebnis eines Neubeginns haben. Außerdem hält Jesus alle „daheimgebliebenen Söhne" zur Barmherzigkeit an. (Lk. 15,32). Erst recht aber die harten Gesetzeslehrer, die lernen müssen: *„Wer ohne Sünde ist, werfe den ersten Stein!"* (Joh. 8,12). - Nicht Opfer will Jesus, sondern Barmherzigkeit! (Mt. 9,13). Denn die Barmherzigkeit ist das Wesen unseres Gottes. Das ist die Kernaussage der Bibel. Und damit befinden wir uns am Lebensnerv der sich über die Jahrhunderte entfalteten Kultur des Westens. Aber ist sie es immer noch? Nicht nur jeder einzelne, der sich für die biblische Barmherzigkeit entscheidet, darf diesen Segen neu erfahren, sondern alle im gesellschaftlichen Miteinander, insofern sie sich auf diesen Konsens einigen werden. Mittels der Neuentdeckung der Bibel hält der indische Philosoph eine neue Erweckung in Europa für möglich. Als geistlichen Impuls zum beginnenden Jahr der Barmherzigkeit laden wir ab September alle zum monatlichen *„Abend der Barmherzigkeit"* in die Reindorfkirche ein. Möge der Friede Gottes immer von hier ausströmen!

Das Weihnachtsgeheimnis

Wenn die Tage kürzer werden, die ersten Flocken fallen, tauchen auch die ersten Weihnachtsgedanken auf. Der Zauber alter Kindheitserinnerungen kann unvermittelt so präsent werden, dass man sich quasi mit der Zeitmaschine so zurückversetzt fühlt, dass man den Duft, die Bilder, den Klang, die Szenen dieser Tage nochmals erlebt. Und selbst den Andersgläubigen und Ungläubigen kann es passieren, dass sie für einen Augenblick innehalten und sich wundern, ob sie wohl ein Engel gestreift hätte. Nein, natürlich nicht, es war nur ein angenehmes wundersames ***„Déjà-vu“***! Wer mit der kirchlichen Liturgie lebt, darf seine ganze Weihnachtssehnsucht in das Singen der Adventslieder hineinlegen, mit Klingen der Glocken und vor allem mit den gewaltigen Rufen des großen Propheten verbinden:

„Tauet Himmel von oben und Wolken regnet den Gerechten! Nahe ist der Herr! Lasst uns Ihn anbeten! Komm Herr und zögere nicht! Denn ausbrechen wollen wir, ausgebrochen sind wir aus dem Alltagstreiben! Eine Straße durch unsre Wochen, Tage und Stunden ist für Dich angelegt! Gleich dem Späher schauen wir mit dem Fernglas aus nach Dir! Zur Rorate wollen wir, mit unsren Lichtern in der Hand, nach Dir rufen, ja, unsre Lieder für Dich singen!“ Und an den letzten sieben Tagen vor Deiner Ankunft wollen wir uns staunend in Dein Geheimnis vertiefen und die großen O-Antiphonen beten:

„O Weisheit! O Adonai! O Wurzel Jesse! O Schlüssel Davids! O Aufgang! O Völkerkönig! Jerusalem Freue dich und frohlocke, denn dein Bräutigam kommt bald zu dir!“ Und am letzten Tag schließlich: *„Heute sollt ihr wissen, dass der Herr kommt und morgen werdet ihr schauen seine Herrlichkeit!“* Wenn dann am Abend die Kerzen an den Bäumen brennen und die Gaben getauscht werden und glückliche Kinderaugen strahlen, drängt sich dennoch in den Herzen vieler eine noch unerfüllte Sehnsucht auf, die das Geheimnis des wunderbaren Friedens dieser Nacht GANZ erfüllt sehen will. Ja, es ist uns schon der wunderbare Augenblick geschenkt, wo der Himmel die Erde berührt. - Mit Maria und Josef dürfen wir uns von Herzen freuen und die Worte der Engel vernehmen: *„Herrlichkeit, Gloria sei Gott in der Höhe und Friede auf Erden, denen die guten Willens sind!“* (vgl. Luk 2,14). Aber eben noch inmitten der FINSTEREN NACHT wird uns der

Friedenskönig geboren, inmitten von so vielen Menschen, die keinen Frieden kennen, ja das göttliche Licht nicht begreifen, nicht annehmen wollen oder können. Und so fühlen wir in uns eine unerfüllte Sehnsucht, dass doch einfach ALLES LICHT werden möge!
„Und das Licht strahlt eben in dieser Finsternis, doch die Finsternis hat es nicht ergreifen können!" erklärt uns der Evangelist Johannes (Joh. 1,5).Ja, es gibt Kinder der Finsternis in dieser Welt. Die Kinder der Finsternis kennen diesen tiefen Frieden des Herzens nicht. Die Botschaft vom Heiland muss zum Zeugnis gegen sie werden, an dem sie sich wundreiben, sich stoßen müssen, zum Stein, an dem sie zu zerschellen drohen, wenn sie sich dem Frieden nicht öffnen! (vgl. Luk 2,34) Das ist das andere, ernste und tiefe Geheimnis dieser Nacht. Es ist ein Mahnruf, ein Weckruf an Herodes samt seinen Schergen, damals wie heute! Das Licht des himmlischen Weihnachtsfriedens und die Finsternis des sündhaften Menschengeschlechtes bedingen auch heute einander. Doch wie kann sich jemand vor diesem wunderbaren Frieden, der diesem kleinen Kinde innewohnt, fürchten? Wer will diesem Frieden, der von den zarten, lieben Händen des kleinen Kindes ausströmt, Misstrauen entgegenbringen? Diese Hände werden einst Kranke heilen, ja Wunder vollbringen! - Lass uns nach Bethlehem gehen! Mit den Hirten! Mit den Weisen, mit all den Großen und Kleinen aller Zeiten und aller Erdteile! Und bei dem Kind verweilen und so Ruhe, Trost und Erquickung finden, welche nicht von dieser Welt sind.

Jahr 2016

Aus Ägypten habe ich dich gerufen!

Nur Gott selbst wusste, dass dieser Vers (Mt 2,15), welcher Jesu Rückkehr nach Nazareth prophetisch beschreibt, einmal wörtlich auf die **Kirche Maria vom Siege** am Gürtel zutreffen würde. Die meisten wissen es schon aus den Medien, dass Kardinal Schönborn und der Pfarrgemeinderat kurz vor Weihnachten den Schenkungsvertrag für diese schöne, prachtvolle Kirche unterzeichnet haben. Sie gehört künftig den altorientalischen Kopten (zu Deutsch: Ägyptern). Sich rufen zu lassen für einen persönlichen Auftrag ist typisch für Gottes Handeln: *„Abraham! Brich auf und verlasse dein Vaterhaus ich werde dich reichlich segnen!“* (vgl. Gen 12.1-2). *„Jakobus und Johannes, verlasst die Netze und Boote, ihr werdet von nun an Menschen fischen!“* (vgl. Mk 1,16-20). - Und jeder kennt die Situation bei der Fußball-EM: Das Match läuft, die Sportler schwitzen. Plötzlich hörst du: „Steh auf von der Ersatzbank! Wechsel! Jetzt darfst du Einsatz zeigen!“ Adrenalin-Schub! Alle Ressourcen sind mobilisiert. Klug mit den Kräften haushalten! Das ist jetzt deine Spielzeit!

1876 wurde die Pfarre Fünfhaus von Reindorf abgetrennt. Weltpriester begannen mit dem Dienst bis zur Staffelübergabe an die Kalasantiner 1985. Sie gaben die Staffel 2013 weiter an die vinzentinischen Inder. Und nun (im Frühjahr 2016) wird die Staffel des Missionsauftrages Christi an die Ägypter weitergegeben. Alle haben geschwitzt, gekämpft, ihr Bestes gegeben. Allen ist der himmlische Siegeskranz verheißen! Allen sei Anerkennung ausgesprochen! Was werden die Ägypter einbringen? Ihre Liturgie ist eine der ursprünglichsten (altorientalisch). Ihre Mystiker und Eremiten sind die ältesten (Hl. Antonius), ihre Theologen die größten (Origenes), ihre Bischöfe die leidenschaftlichsten (Hl. Athanasius). Eine der Superlative Ägyptens sind sicher auch die vielen Martyrer, gerade auch in unseren Tagen! Als die Überlegungen vor einem Jahr begannen, sagte mir der Kardinal, dass er mit positiven Auswirkungen auf die politischen Beziehungen zwischen Wien und Kairo rechne. - Für die Pfarre Reindorf bedeutet es, dass sich nach der Zusammenlegung der Katholiken das Territorium der Pfarre verdoppeln wird und somit auch ihre Gläubigen-Zahl. Die betreffenden Taufen, Erstkommunion- und Firmvorbereitung, Trauungen, den Einsegnungsdienst und die Schulmessen z.B. wurden ja zum allergrößten Teil schon in den letzten Jahren

sukzessive von P. Markus und P. Gottfried von Reindorf aus mit übernommen.
Die Sakramenten-pastoral in der Situation einer großen Bevölkerungsfluktuation bilden eine immense Herausforderung. Die Kopten selber werden vor allem für ihre Landsleute da sein und die Gottesdienste in Ihrer Landesprache halten. Es ist sogar geplant, dass Pfarrhaus und Kirche Bischofsitz werden! Ganz sicher werden sich viele koptische Christen und Familien um den Westbahnhof herum ansiedeln. In Wien und Umgebung leben derzeit über 9000 Kopten.
„Aus Ägypten habe ich dich gerufen!" - Wir wünschen allen, die auf diesen Ruf hören werden, Gottes reichen Segen bei ihrem Einsatz und dass sie hier Heimat finden mögen!

Quadragesima: Aus-Misten!

„Quadragesima"- so wird die 40-tägige Fastenzeit bezeichnet, die vor uns liegt. 40 Jahre Wüstenwanderung hat das Volk Israel auf dem Weg in die Freiheit durchgestanden. Für jedes Wüsten-Jahr wollen wir einen Tag lang fasten. Jeder von uns, der die vier Tage zu Pfingsten nach Mariazell pilgern will, überlegt sich genau wie viel Proviant, Kleidung und Gepäck er sich zumuten wird. Unnötige Lasten sollten besser zu Hause bleiben! Auch Mose und die Propheten haben sicher keine „Hinkelsteine" durch die Wüste geschleppt. Wer Lasten ausgemistet hat, kommt im Leben leichter voran! In Gottes Natur wieder durchatmen lernen! Mindestens „ein Stein möge uns vom Herzen fallen" (auf Gebetsspaziergängen) in dieser Fastenzeit! Kapitäne deren Schiffe in Lebensstürme geraten sind, geben sehr bald den Befehl: „Aller nicht lebensnotwendiger Ballast über Bord bitte!" Was gibt es Unnötiges bei mir, das über Bord gehört, damit mein Leben leichter wird?
Womit vertue ich unnötig meine Zeit? Das Abspecken des Körpers („des Bruder Esel") zielt ja auf viel Wichtigeres hin, als nur Kilos loszuwerden. Die Seele soll ja „in Form kommen"! Das Herz soll von

Sorgen befreit werden, nur Gott hat den allerwichtigsten Platz! Schlaflose Nächte ist nicht sein Plan für uns! *„Kommt alle zu mir, die ihr mühselig und beladen seid!“* (Mt. 11,28) *„Alle eure Lasten werft auf IHN!“* (Petrus 5,7) Die Schuld der Welt hat der Gottesknecht bereits getragen. Beim Sterben am Kreuz hören wir seine Worte von tonnenschwerer Bedeutung: *„Es ist vollbracht!“* (Joh. 19,30) Wer meint, den Problemlöser und Retter der „Weltverschuldungen“ spielen zu müssen, ist eingeladen sich in dieser Quadragesima erstmal selber retten und entschulden zu lassen. Weitergeben kann man nur eine Erfahrung, die man zuvor selber (von Gott) geschenkt bekommen hat. Der Mann an der Gepäckabgabestelle heißt immer noch Jesus! Oder anders: Er ist sich nicht zu schade, jeden Herzens-Tempel auszumisten! Und die Kranken, die er segnet, werden von seiner Berührung heil.
Wir Reindorfer Priester laden in diesem Jahr der Barmherzigkeit neu dazu ein: Ob es der Einzelsegen oder die Krankensalbung, ob die Aussprache oder der Beichtstuhl ist, Jesus befreit. *„Er ist derselbe gestern und heute und in aller Ewigkeit!“* (Hebräer 13,8)

Neue Hoffnung!

Ein Wechselbad von Hoffnungen und Enttäuschungen,- wer kennt das nicht? Schenkt Gott Wunder neuen Lebens oder geht alles den Bach runter? Darf ich mitten im Unglück auf neuen Segen des Himmels hoffen oder haben die Unglückspropheten Recht? Nicht nur die 12 Apostel haben dieses Wechselbad der Gefühle von der Hoffnung auf das Reich Gottes durchmachen müssen, das ausgerechnet durch die Kreuzigung Jesu seinen Tiefpunkt erreicht hat. Dieses „Auf und Ab“ gilt sicher für uns auch heute. Steckt da ein Prinzip Gottes dahinter? *Je mehr Licht, umso mehr Schatten? Je mehr Auferstehung umso mehr Kreuz und umgekehrt?* Je näher ein Volk, eine Gemeinschaft, eine Person am Leben Gottes dran sein darf, umso mehr Prüfungen? Der Apostel Petrus erfuhr das Glück des vollen beruflichen Erfolges (wiederholt wunderbare Fischfänge), Ende von Finanzproblemen (einmal steckte ein Golddukaten im Maul eines Fisches), Krankenheilung gratis für seine Familie (seine Schwiegermutter wurde von Jesus geheilt), das Wunder über das Wasser zu gehen erlebte nur er und das Charisma göttlicher Intuition wurde ebenfalls nur ihm geschenkt (die Erkenntnis des Messias-Geheimnisses). Nach dieser Glück- und Segenssträhne kam es ganz dick und schmerzhaft für ihn. Mit den Worten „Du Satan!" weist ihn Jesus zurecht. Jesus kündigt ihm seine Feigheit und seine Verleugnung bei der Verhaftung an. Auch Petrus ist unter denen, die zuerst ihre eigene Haut retten wollten und flohen. Es bleiben ihm nicht die blamable Selbsterkenntnis und die bitteren Tränen erspart. Alles meinte er lassen zu müssen, als er am Grabe Jesu stand. War es das Grab aller Zukunftshoffnungen? Das Grab aller Reich-Gottes-Erwartungen?

Wir wissen, dass sich an diesem Tiefpunkt eine EXPLOSION an LEBEN ereignet hat. Ein Urknall neuen Lichtes und Feuers welche menschliche Wörter nicht fassen können. Für „verrückt" hat man die Frauen gehalten, als sie davon „herumstammelten", dass Jesus lebt. Zugegebenermaßen für „töricht", für „daneben" bezeichnete Paulus seine Verkündigung vom zugleich gekreuzigten und auferweckten Gott-Menschen. *Weisheit aus Torheit, Leben aus Untergang, Wunder aus Wunderlosigkeit, größter Ruhm aus tiefster Ehrlosigkeit, pure Schuldlosigkeit nach vernichtender Schuldzuweisung!* Der Kommentar von Paulus dazu: „Das ist typisch Gott!" Das provokante Wunder der Auferstehung ist eine typische Reaktion Gottes auf das menschliche An-das-Kreuz-Schlagen des Karfreitags. Noch einmal eine göttliche Antwort der Liebe auf Hass. Jetzt besitzen von Gott her Finsternis und Tod keine End-Gültigkeit mehr! Damit wird klar wie wichtig das „Dranbleiben" ist, dieses „Rechnen mit göttlichen Überraschungen". Zeugnisse kleiner oder großer Wunder seiner Vorsehung oder seines Segens oder seiner Heilungen sind eine

Verlängerung dieses Ostergeschehens bis in unseren Alltag hinein. *„Wir können unmöglich schweigen von dem was wir erlebt haben“*, so sagten die Apostel (vgl. Apg. 4,20). Möge es auch für uns gelten!

Barrieren abbauen

Es ist erfreulich, es sind regelrechte *„Oster-Botschaften“ von einer jungen wachsenden Kirche*, wenn wir aus der Weltkirche hören: Die missionarischen Basisgemeinden in Lateinamerika wachsen weiterhin! Die Priesterseminare in vielen jungen afrikanischen Bistümern sind übervoll, wie auch in einigen Ländern Südostasiens! Unglaublich ist, was in den Untergrund-Hauskirchen Chinas geschieht! Aber nicht nur in diesem immer noch kommunistischen Land, ist eine hohe Wachstumsrate zu beobachten. Es hat sich auch herumgesprochen, dass ähnliche Aufbrüche nun in muslimischen Nachbarländern stattfinden. (Die starke Verfolgung in bisher fast rein muslimischen Ländern scheint noch mehr Bekehrungen zu provozieren.) *Der Himmel öffnet sich und Ströme von Gnaden fließen.* Warum? Nach Ostern geriet die Jerusalemer Urgemeinde in Bedrängnis, doch keineswegs flossen darum die Gnadenströme spärlicher. Aber tröpfeln die österlichen Gnadenströme in Kern-Europa nur zaghaft? Wenn ja, warum? Was hindert den Heiligen Geist, die Gnadenströme des lebendigen Wassers, hier kraftvoller fließen zu lassen? Sind da Unterwasser-Barrieren zu entdecken und abzubauen, damit die Auferstehungskraft Jesu zum Durchbruch, zum Fließen kommen kann? Dann schaffe jeder seinen selbstfabrizierten Balken weg! Und warum sollten die Ströme der Lebenskraft Gottes nicht genauso stark und mitreißend zu fließen beginnen wie z.B. bei den Bibel-Katechisten in Afrika oder den lebendigen Hauskirchen in Asien? Haben wir die schlechteren Themen? Oder sehen wir die eigenen Balken nicht, sondern sind mit nebensächlichen „Streichholz-Splittern“ beschäftigt? (vgl. Lk. 6,41) Jesu Antwort auf den Mangel an Heilungen, Versöhnungen, Bekehrungen, Gebetserhörungen, kurz -

den Mangel an Gnade - ist die eigene Gnadenlosigkeit! Schenkt euch gegenseitig unverdiente Gnade (vertraut auf Gott und vertraut einander) und der himmlische Vater wird euch neue Gnade schenken! Sind die Balken und Barrieren fort, (die Splitter sind nachgeordnet), werden auch in Kern-Europa die Heilungsströme wieder mächtiger fließen. Ein Zeugnis davon sind die vollen Beichtstühle an unseren Wallfahrtsorten. Da fließen viele Tränen, viele werden neu geboren. Weil sie selber mitgearbeitet und alte Lasten losgelassen haben, es laut ausgesprochen und verziehen haben, - anderen sowie sich selbst. Und anderen hörbar Segen zugesprochen haben, oft zuerst dem eigenen Ehepartner, dem Vater, der Mutter. - Von der Jerusalemer Urgemeinde heißt es: *Sie waren ein Herz und eine Seele und sie hatten alles gemeinsam. Sie dienten Gott in der Einfachheit und Freude aus reinem Herzen* (vgl. Apg. 4,32-37). - Mögen diese Worte Gottes wie bei Maria auch tief in unser Herz sinken!

Unsere Hilfe ist im Namen des Herrn!

Jesus wurde gekreuzigt. Die Urteilsbegründung: Staatsfeindliche Umsturzaktivitäten! Tot und erledigt der Fall. Wenn nicht das lästige Erdbeben dazwischengekommen wäre. Wenn nicht bei den dazugehörigen Plünderungsaktionen jemand auf die Idee gekommen wäre, ausgerechnet auch den toten Jesus zu klauen. Wenn nicht seine Anhänger auf die noch dümmere Idee gekommen wären, nun stock und steif zu behaupten, dass er gar nicht tot wäre. Kein Hahn würde mehr nach diesem Jesus krähen, wenn seine Jünger endlich aufhören täten zu behaupten, dass dieser Jesus zu jeder beliebigen Zeit, an jeden beliebigen Ort, jeder beliebigen Person erscheinen könne und es auch tue. Der ganze Spuk hätte in den Augen derer, die ihn hingerichtet haben ein Ende, wenn endlich jemand seine Leiche vorweisen könnte. Das ist das unlösbare Problem! Mit den berühmt-berüchtigten Grabräubern der Pharaonen-Gräber war man doch auch fertigt geworden. Mit diesem kauzigen frömmlerischen Männerverein, die sich jetzt die elf Apostel nennen, sollte man doch viel schneller fertig werden! Null Überlebenschance für sie! Denn sie waren verfeindet mit der Rabbinerschule, mit dem Jerusalemer Höchstgericht, mit dem König, sie hatten weder Geld noch Anwälte noch Lobby! Bis auf diesen komisch-fromm gewordenen Zöllner und den zwei rebellischen Teenagern vom Vater Zebbedäus allesamt Analphabeten und kulturell zurückgeblieben. In Gethsemane hatten sie obendrein Fersengeld gegeben. Von Mut und Zielstrebigkeit keine Spur. Kurz: Hilflose und orientierungslose Männergestalten mit Bart! Chancenlos! Wenn sie nicht in dieser Bedrängnis diese poetischen Mutmacher-Berichte in der Bibel ernst nehmen täten. Zum Beispiel von *David und Goliath*. Oder vom Pharao und seinen Kriegswagen und dem *wehrlosen Volk Israel am Schilfmeer*. Oder von *Josua und der Eroberung von Jericho,* wo wieder ganz zufällig mal die Erde bebte und die Mauern einfielen und tausend ähnliche Glauben-Helden-Stories. Aber eben nicht durch menschliche Kraft oder Heere sondern durch die *Geistesmacht Gottes* sei das geschehen, -lautet das Fazit der Propheten! (Sacharja 4,6). *Unsere Hilfe liegt nicht in menschlich-irdischer Macht, sondern im Namen des Herrn!* Und der hat schließlich Himmel und Erde erschaffen! Angeblich soll der tote aber nun lebendige Jesus die elf übriggebliebenen Männer nicht auf seine sensationellen Fähigkeiten eingeschworen haben, sondern auf genau diesen *Gottes-Geist*, der den *bedrängten Israeliten* so oft zu Hilfe kam. Sie sollten dafür bereit sein, wenn er aus der jenseitigen Himmelswelt die Schleusentore des Heiligen Geistes öffnen würde und die Geistesmassen punktgenau über Jerusalem auf die zwölf Apostel niederfluten würden. Dann soll es für sie so richtig losgehen! Volle Pulle übernatürlich! Genauso wie Jesu Auferstehung und seine übrigen Wunder! Aber ohne Gold und Silber-Geldmittel (und logisch ohne Anwälte)! Das ist *die Geburtsstunde*, der Urschrei der Kirche, -nicht durch Kraft oder Heere sondern *durch seinen Geist*! (Sacharja 4,6). Kennt jemand ähnliche Situationen? Befindet sich jemand von Euch darin? Braucht jemand eine punktgenaue Führung und Erfüllung durch den Geist? Mit Gebet und Bibel-Lesen wird Neues möglich! Und als 120 heiße Jesus-Jünger zusammen mit Maria im Obergemach fast rund um die Uhr beteten, kam endlich das Wunder.

Was ist des Pudels Kern?

Was ist es, was die Welt im Innersten zusammenhält? Das möchte nicht nur Goethe, sprich Dr. Faustus gern wissen. Viele Menschen meinen seit dem weisen Einstein: Die Gravitation ist es! Flugs bauten sie in der Schweiz das CERN: Die teuerste und größte „Sinnsuchmaschine“ der Menschheitsgeschichte. Sie wollten dieser innersten Kraft auf den Grund gehen, die elementaren Teilchen enttarnen. Heureka! Gefunden! Hörte man bald die Professoren glücklich rufen. Das „Graviton-Teilchen“ ist die letzte Wirklichkeit! Nein, triumphierten andere Kollegen. Wir sind besser: Wir haben sogar das „Higgs“, schlechthin das „Gottes-Teilchen“ gefunden! Den Urgrund aller Dinge mittels menschlicher Experimentieranordnungen eingefangen!
Plötzlich ist ein dröhnendes „Nein!“ einer urzeit-väterlichen Stimme zu hören: Was philosophiert ihr so unerleuchtet daher? „Gott wäre Teilchen!? Von dieser Welt? Falsch!“ „Was diese Welt im Innersten zusammenhält, ist nicht von dieser Welt!“ Es ist Platos Stimme, die laut zurückruft. „ ER wohnt über dieser Welt! Über diesem Universum und hinter (META) aller und vor aller Welt! Die Menschen sehen lediglich die Weltbühne, aber hinter dem Vorhang (der materiellen Welt), wo die feinen Fäden gezogen werden, in die Multi-Dimensionalität können sie nicht schauen! Da ist DER zu finden, bei dem ALLE Fäden zusammenlaufen. Da thront der Regisseur, da thront GOTT! Dämmert`s euch?
Götterdämmerung damals,-so auch Götterdämmerung heute! Das Licht geht an. Nicht ein WAS ist es, sondern ein WER ist es, der die Welt im Innersten zusammenhält! Die Urväter sprachen von dem EINEN, dem GUTEN, dem SCHÖNEN, dem EINHEITLICHEN, dem

WAHREN. Mose sehnte sich danach, IHN höchst daselbst auf heiligem Berge schauen zu dürfen! Das sei zu verwegen! So antwortete ihm, der sich ihm offenbarende SCHÖPFERGOTT. Nur meinen „Rücken“ darfst du sozusagen schauen, erklärte ihm die Göttliche Stimme. Das Erlebnis war gewaltig. Das Angesicht von Mose leuchtete hell, als er vom Berg hinunterkam. Aber komplett ins Licht getaucht war nur JESUS allein. Sein Geheimnis zu schauen, war die noch tiefere Offenbarung. Alle die dabei waren, wurden auf dem Tabor von diesem LICHT DER WELT angestrahlt. „Wer mich schaut, schaut in Wirklichkeit den VATER selbst!“ erklärt Jesus den erstaunten Aposteln. ER IST DER KERN und Urgrund ALLER DINGE! Edler und schöner gesagt: Das HERZ JESU ist es, welches alle Wirklichkeiten zusammenhält.
„Searching for a heart of gold“ sang damals Neil Young. Wo finde ich das vollkommene Herz? Die vollkommene Liebe? So viele haben dies im heiligsten, goldenen HERZEN JESU gefunden! Ihr Glück ist um Himmel höher als das „Heureka-Glück“ der Professoren mit der Teilchen-Suchmaschine CERN. Schauen wir auf das Herz Jesu! Beten wir es an! Was wir anbeten, das prägt uns sein Bild, sein Wesen ein.
Am HERZ-Jesu-Hochfest werden wir sicherlich wieder das Lied singen: „Im Anschauen DEINES BILDES, ... da werden wir verwandelt in DEIN BILD“.

Offline!

Sendepause, Standby, Ruhe geben, Klappe halten, nicht nerven, endlich wieder normal werden! Selbst der Allmächtige hatte es nötig zu ruhen, als er in sechs Tagen das Uni- (oder Multi-) versum geschaffen hatte. Alles etwas kürzer. Sogar den Pfarrblattartikel! Das bringt Zeit für das Fußballschauen? Oder fürs Zeitungslesen? Eher weniger, denn diese wandert wenige Minuten später in den

Papierkorb, nicht mehr aktuell. Ganz sicher nicht in die Tonne wandert die BIBEL! Sie bleibt immer aktuell! Ich habe mich entschieden, dass ich mit ihr und sie mit mir in den Urlaub wandern soll. Bibel-Lektüre am Morgen, am Mittag und am Abend! Nicht allein vom „Müslibrot" lebt der Mensch! Wie ist es mit folgendem Sommer-Vorsatz: An geistlicher Gewichtigkeit zunehmen, mindestens dem entsprechend, was man an körperlicher Schwere loswerden will. Durch Texte mit Ewigkeitswert (Unzerstörbarkeits-Garantie) hat nur die BIBEL! Zu-getextet wird man eh das ganze Jahr über… Himmel und Erde (ob nun geschaffen in sechs Tagen oder etwas aufwändiger) werden vergehen, meine „Texte" (Worte) werden nicht vergehen spricht der Herr!
Ich wünsche für jeden über die Sommerwochen solch eine Energieladung aus der Bibel, solch einen Perlenfund, ja Entdeckung und Hebung von wahren Goldschätzen im Acker des Wortes Gottes, die das Herz erquicken.

Die Güte Gottes und „Red Bull"

Gott verspätet sich nicht bei der Erfüllung seiner Verheißung, sondern er hat Geduld, denn er will nicht, dass jemand verloren geht (vgl.2 Petr. 3,9).
Unsere Rückfahrt vom gesegneten Sommerlager in Lovran (an der Adria) war anders. Weil der Urlaub so himmlisch schön war, hatten wir es nicht eilig, nach Wien aufzubrechen. Später auf der Autobahn natürlich dann schon. Der Turbo-Lader beim VW-Touran glühte durch. Sollte das ein Zeichen sein? Sind wir im Einzugsbereich von Wien wieder der Hektik und Ungeduld ausgesetzt? Geschäftigkeit und Vorwärtskommen-Müssen, selbst, wenn man schon müde ist, notfalls mit Hilfe von Energie-Drinks wie Red Bull? Die chemische Peitsche zur Hand nehmen, die aus dem Körper die letzte Energie nicht ein- sondern auspresst? Jesus hat nie seinen Jünger Erfolgs-Druck gemacht. Den übereifrigen Kämpfer Petrus musste er oftmals

„einbremsen“, den „Donnersöhnen“ Jakobus und Johannes Ruhe verordnen und auch der geschäftigen Martha antworten, dass das Hören auf das Wort Gottes Wort der bessere Teil ist, so wie es ihre Schwester Maria tat. Dennoch heißt es: *„Seht mein Knecht wird Erfolg haben!“* Zu hören in der Jesaja-Lesung (52,13) am Karfreitag über den Kreuzesweg Jesu. Jesus kennt bei den Reich-Gottes-Gleichnissen kein „Minus-Wachstum“. Es geht beim Sauerteig, beim einzelnen kleinen Senfkorn, bei der großen Aussaat immer um ein „Mehr“, um Wachstum, um neues Leben. Ganz ohne Turbo, ohne High Speed, ohne „Red Bull“. Jesus ist ziemlich cool, wenn er den Getreidebauern zur Ruhe gehen lässt und erklärt, der Bauer überlässt das eigentliche Wachstum dem Geheimnis Gottes. Voller Glauben und Gelassenheit und Geduld vertraut er seinen Acker dem Segen Gottes an (vgl. Mk 4,27).

Im Frieden Gottes liegt die Kraft! Dieser besondere Friede Gottes war spürbar unter uns in den geistlichen Ruhezeiten in Lovran und erst recht in Medjugorje beim internationalen Jugendfestival. Auch bei Spiel und Spaß, einfach ALLES war davon getragen. Ich wünsche allen Reindorfern und Freunden diese geistlichen Ruhezeiten für das beginnende Schul- und Arbeitsjahr. Ich wünsche jedem diese Begegnung mit Jesus, der bessere Energie-Drinks als „Red Bull“ anzubieten hat. Er hat es der Begegnung mit der Samariterin am Jakobsbrunnen unter Beweis gestellt hat. Er bietet jedem einzelnen das lebendige Wasser des Heiligen Geistes an (vgl. Johannes 4,10).

Heilig werden?

„Wir sind uns gleich! Was hindert DICH, ein Heiliger zu werden? Die Gebete der Heiligen sind mit dir, vertraue immer auf Gott und er wird für dich sorgen!“ Diese Antwort gab der Wundermönch **Charbel Machluf** aus dem Libanon einem zudringlichen Verehrer. Nun, wer nimmt das wörtlich ernst? Wer entgegnet nicht im Geheimen: „Ok,

das ist dein Job, das ist mir zu steil! Völlig unmöglich!“ Ist das wirklich so?
Es gibt ganz sicher keinen Heiligen, der nicht an die Begrenztheit seiner eigenen Person angestoßen ist. Alle sind sozusagen (mit Beulen) „durchgestoßen“ oder „durchgekommen“, d.h. sie wissen zu berichten, dass sich letztlich an der Grenze eine Tür auftut in die unendliche Weite Gottes hinein, - insofern man die Begrenztheit des eigenen Ichs hinter sich lässt und IHN sucht. Und die Tür hat ein Schild, wo für uns sicher Glaube oder Demut oder auch Geduld drauf steht. Unsere Heiligen sind die handfesten Beweise für dieses Land der Wirklichkeit Gottes. Die Gnade Gottes ist schon real, aber die Heiligen sind so etwas wie Katalysatoren, wie Verstärkerschaltungen für Ton und Bild (oder sogar Bewegungen) dieser Wunder Gottes. Verstärker werden gerne „hochgefahren“. In diesem Sinne ist es leicht zu verstehen, dass viele Gläubige diese Gnadenvermittler Gottes mit Vorliebe anrufen.
Jetzt Im September hat ganz Italien den Wundermönch **Pater Pio** gefeiert. Sieben Millionen (!) Pilger wallfahren jährlich zu dem Kloster, wo er lebte. Und Menschen aus aller Welt rufen ihn um seine Fürbitte an, wenn die Not und die Schmerzen unerträglich werden. Von ganz außergewöhnlichem Eingreifen Gottes wissen viele dieser Menschen froh zu berichten. Wunder als „Werbe-Einschaltungen“ für die Existenz, für das Erbarmen Gottes.
„Missionarinnen der Nächstenliebe“ sollte nach dem Willen von **Mutter Teresa** ihr Orden heißen, den sie gegründet hatte. Dieser Name ist Programm und Botschaft des Himmels zugleich. Das heißt, ihre Schwestern verkörpern das Bemühen, die Liebe Gottes „Fleisch werden zu lassen“. Im Endeffekt haben wir „himmlische Gnade“ zum „Anfassen“ (und die auch anpackt).
Der Heilige des Libanon, Charbel Machluf „wirbt“ heute um sogar Moslems, indem er ihnen im Traum erscheint, sie im Schlaf dort heilend berührt, wo sie Krankheiten haben, so dass sie morgens in großer Verwunderung und Dankbarkeit aufwachen. „Es ist wahr, dass

ich Muslim bin, aber der heilige Charbel ist Gott näher als irgendjemand sonst, und Gott erhört ihn." Das bezeugt Ali Dirzi, dessen Kind durch eine „Ölsalbung" dieses Heiligen vor dem Tod errettet wurde. Dieses Öl strömt in unfassbar großen Mengen von seinem Körper aus, der zwar seit 117 Jahren als tot gilt, aber bis heute noch keine Totenstarre erfahren hat, ja nicht eine Spur von Verwesung. Man hat anderthalb Monate lang einen hellen Lichtglanz über seinem Kloster, über seinem Grab gesehen, egal ob man Christ oder Heide, Moslem oder Jude war. - Gottes Hilfe will sich allen suchenden Menschen zeigen. Wenn es um die Not von Menschen geht, gibt es für Gott keine Einschränkungen von „geht nicht", „unmöglich" oder „unpackbar". Diesem Wirken Gottes zuzustimmen, ist der Beginn des Weges. Egal ob Maria, die erste der Heiligen, oder andere, alle haben so die Schule Gottes begonnen.
Als Heilige werden die ersten Christen im Neuen Testament von Paulus bezeichnet. „Wir sind Heilige und Sünder zugleich", wusste sogar ein Martin Luther festzustellen, der wirklich als „unverdächtig" anzusehen ist. *„Wir sind einander ähnlich! Was hindert Dich daran ein Heiliger zu werden?"* so forderte Charbel seine Besucher heraus.
Eines ist sicher: Die Heiligen werden von Jahr zu Jahr mehr. Von den zwölf Aposteln angefangen, bis zum Jahr 2016 und der letzten Heiligsprechung. So wird der Himmel mehr und mehr mit der Erde verbunden. Und wir mit ihnen! Jeder lasse sich herausfordern! Zuerst ist es aber ein Beschenkt-Werden.

Die Ankunft

Wer oder was kommt im Dezember bei mir an? Wen will ich an mich rankommen lassen? Von Jahr zu Jahr steigt die mediale Vernetzung, „messages", -Botschaften dringen auf uns, auf mich ein auf allen (un)-möglichen Kanälen. Sie schreien nach meiner Aufmerksamkeit. Unsere Sinne sind auf das Schrille und Alarmierende geeicht. In roten Signalfarben kommt (mit pulsierenden LED-Leuchten auf der Mütze?)

bei lauter Musik der Weihnachtsmann in den Einkaufstempeln zu den Kindern gelaufen.
Doch kommt er auch an? Überdrehte Lautstärke, überdrehte Kinder, überdrehte Werbung! Oder E-Mail-Werbung in überdrehter Frequenz! Heute habe ich mich einmal mehr dazu entschieden, Sportartikelwerbung nicht bei mir ankommen zu lassen. Entsorgung durch Kennzeichnung als „Junk“ (Müll) -Botschaft! Der Absender ist nun blockiert! Was wird einem nicht alles für **„Müll“ in der Weihnachtszeit** lautstark angetragen, was einem angeblich zum „Glücklich-sein“ noch fehlen täte. Doch den Wohlgeruch des Herzensfriedens tragen all diese Dinge nicht in sich.
Maria und Josef wollten damals im überfüllten Bethlehem ankommen. Stattdessen kamen sie sich bei den lärmenden orientalischen Massenquartieren wie von einem fremden Stern vor. Bin ich durch den Stress der Adventzeit manchmal auch so betäubt, so überbeansprucht, dass ich das ruhige Leuchten des Sternes von Bethlehem und dieses friedvolle Ehepaar kaum noch wahrnehme?
In **„himmlischer Ruhe“** soll das Jesuskind schlafen können, nicht im höllischen Lärm sich durch den Verkehr quälen müssen! Eine **„stille und heilige Nacht“** ist uns geschenkt. Der Friede des Vaters hat bei uns „angeklopft“. Aber draußen vor der Stadt hat er sein Quartier gefunden. In aller Einfachheit! Und die Armen und Geringen haben sich den Sinn für den wirklichen Frieden, das wirkliche Glück bewahrt. Bevor die Hirten die Krippe und das Kind gefunden haben sind sie vom himmlischen Vater und dem Kind gefunden worden! Das ist das göttliche Wunder in der Armut, das ist die wahre Ankunft!
In der Stille hatten sie zuvor Engel wahrgenommen. Und ihre Botschaft hat ihr Herz ergriffen: Die Botschaft, dass in äußerer Armut, jedoch im inneren verborgenen göttlichen Reichtum, der Messias wahrhaft unter uns Menschen angekommen ist.
Diese Momente, diese Zeiten von erfüllter innerer Ruhe mögen wir alle finden!

Jahr 2017

Fastnachtszeit & Fastenzeit

„Wenn Rebhuhn, dann Rebhuhn, wenn Fasten, dann Fasten!" (Theresa v. Avila). In unserer Erfahrungswelt gehören Licht und Schatten zusammen. Wir begreifen, dass die Auferstehungserfahrung eine Kreuzeserfahrung und eine Verzichtserfahrung voraussetzt.
Die Auferstehung zu neuem Leben, quasi das *„Licht am Ende des Tunnels zu sehen"* gehört zur Grundspiritualität des Christseins. Leben wir das, haben wir das eingeübt? Es gibt ein interessantes Phänomen beim Golfspielen: Wenn nahe beim Ziel ein Wasserteich liegt, schießen viele Spieler ihre Bälle in den Teich, ohne es zu wollen natürlich! Woran liegt das? - So fragte eine wissenschaftliche Studie. Die Antwort ist, dass sich sehr viele Golfspieler voll auf das fokussieren, was nicht passieren sollte, nämlich, dass der Ball auf keinen Fall in den Teich fallen dürfe. Sie blicken auf den Teich und schießen dann erst recht in diesen hinein! Daher kommt ihr Malheur! Nur wenige Spieler schaffen es, sich *ganz auf das Ziel zu konzentrieren* und diese treffen dieses auch wesentlich häufiger.
Worauf fokussieren wir uns? Auf alle schlechten Nachrichten in der Welt!? Auf alles, was auch bei uns daneben geht? Was mühsam ist? Oder auf das, was wir erreicht haben, bzw. was uns geschenkt wurde und jeden Tag zur Verfügung steht? Sicher hat jeder im kalten Januar seine funktionierende Heizung neu wertschätzen gelernt, dazu sein warmes Wohnzimmer und sein Dach über dem Kopf. Auch das fließende warme Wasser, Morgenkaffee, Wiener Schnitzel inklusive. All das dürfen wir in unserer Zeit des Friedens selbstverständlich genießen.
Die Fastenzeit ist dann jene Zeit, in der wir bewusst eine Zeit lang in einigen Dingen Verzicht üben, um dann umso *dankbarer* dafür zu werden, was uns Gott (selbstverständlich?) in seiner Schöpfung schenkt.

Sich im Fasten einzuüben heißt, den Hunger wirklich mal zu spüren. Und wer den Hunger spürt, wird Gott um seine Kraft bitten und für das tägliche Brot neu danken. Wir werden besser Beten lernen. Wir werden sensibel für den Heiligen Geist werden. Denn das Ziel ist die Nähe zu Gott selbst, die Nähe zum Licht!

Der Be-Ruf

„Hallo, kannst mal bitte ganz schnell kommen?!"
„Siehst Du nicht, dass ich hier gerade wahnsinnig viel zu tun habe?"
„Hallo, kannst Du mir mal helfen und nicht gleich davonlaufen!?" So in etwa hört sich das an, wenn wir mit jemandem rechnen, wenn wir auf tatkräftige Hilfe anderer hoffen.
Das ist gar nicht so weit von dem entfernt, wie es Jesus vor 2000 Jahren mit Petrus und seinem Bruder Andreas oder mit den Brüdern Johannes und Jakobus „durchgezogen" hat: *„Hallo junger Mann, wie wäre es, wenn Du Deine Fische samt Deinem Netz mal anderen überlässt und mir hilfst ausgewachsene ‚homo sapiens' zu dem neuen Bundesvolk zusammen zu rufen?"* Diese Ansage Jesu hatte also nicht den Inhalt: „Mein lieber Petrus, ich weiß, Du hast eine Familie zu ernähren und ich hab einen besseren Job für Dich, wo Du etwas mehr Kohle scheffeln kannst!"
Die Begegnung mit Jesus am See war auch nicht rein zufällig oder halt irgendwie sein Lebensschicksal, nein es war eine geplante Begegnung, ein An-Ruf und eine Antwort von Person zu Person. Dieser Be-Ruf wurde gemeinsam kreiert, ist Wirklichkeit geworden, weil jemand eine Bereitschaft hatte, für andere Menschen da zu sein. Darum gibt es bei vielen sozialen Berufen bis heute in unserer abendländischen Kultur den *„Bereitschafts-Dienst"*, wo jemand auf Ab-Ruf sich auf dem Weg zu einem neuen Einsatzort macht, um jemanden unter die Arme zu greifen, dessen Bizeps zu schwach ist oder der gerade zur Zeit „wahnsinnig viel zu tun hat". So erging es

damals den ersten Jesus-Leuten, den Brüderpaaren vom See Genezareth, so ergeht es bis heute auch den Kalasantinern in Wien. Konkret bedeutet es für den Schreiber dieser Zeilen, im Juni 2017 die pastorale Handarbeit hier abzuschließen, alles zusammenzupacken und von Reindorf wegzuziehen. Nicht schwer fällt es mir sondern ziemlich schwer, habe ich doch, haben wir doch in vielen Jahren in Reindorf sehr viel Schönes miteinander erlebt und damit wird ein Stück meines Herzens für immer auch in Reindorf bei Euch, bei allen Menschen da bleiben. Obwohl der endgültige Abschied an unserem Patrozinium erst kommen wird, schreibe ich schon jetzt diese Zeilen, weil ich im April und Mai die Aufgabe habe, in einer Rekreationszeit außerhalb von Wien wieder ganz fit zu werden. Die vielen Jahre in Reindorf waren ganz wunderbar und spannend zugleich und ich möchte Gott und allen, die dabei waren bzw. sind, für das Geschenk dieser Zeit von Herzen danken. Wir sind das Volk Gottes, das auf dem Weg ist, das noch viele spannende Begegnungen im Leben vor sich hat. Das heißt, es hat jeder Einzelne seine göttliche Aufgabe. Und ich höre quasi von Neuem den Ruf: *„Hallo, junger Mann“* bzw. *„gereifter Kerl“, „mach Dich auf, es gibt etwas Neues für Dich zu tun!“* Da gibt es verschiedenste Einsatzorte, wo man deine Beteiligung braucht, bei Alpha-Kursen, Jünger-Wochenenden, bei Firm-Nachmittagen, bei night-fever und Leben-im-Geist-Seminaren. Der Segen und der Schutz Gottes sei uns allen für immer verheißen!

Inhaltsverzeichnis

Printed by Books on Demand GmbH, Norderstedt / Germany